畫中歷史 中史歷

中國歷史畫解讀

樊波　朱光耀　著

畫中歷史

中國歷史畫解讀

責任編輯　楊　帆
裝幀設計　彭若東

書　　名　**畫中歷史——**中國歷史畫解讀
著　　者　樊波　朱光耀
出　　版　三聯書店（香港）有限公司
　　　　　香港鰂魚涌英皇道 1065 號 1304 室
　　　　　JOINT PUBLISHING (H.K.) CO., LTD.
　　　　　Rm. 1304, 1065 King's Road, Quarry Bay, Hong Kong
香港發行　香港聯合書刊物流有限公司
　　　　　香港新界大埔汀麗路36號3字樓
台灣發行　聯合出版有限公司
　　　　　台北縣新店市中正路542-3號4樓
印　　刷　深圳市德信美印刷有限公司
　　　　　深圳市福田區八卦三路522棟2樓
版　　次　2007年9月香港第一版第一次印刷
規　　格　大24開（180×180mm）222面
國際書號　ISBN 978 · 962 · 04 · 2701 · 5
　　　　　© 2007 Joint Publishing (H.K.) Co., Ltd.
　　　　　Published in Hong Kong

目　錄

序論：畫中的歷史

序論：畫中的歷史

　　所謂"畫中的歷史"，乃是指以繪畫形式來描繪歷史人物及事件，在繪畫史上稱之為"歷史畫"。

　　中國本是"史學"大國，歷代君王都十分重視史書的編纂。《漢書·藝文志》説："古之王者，世有史官，君舉必書。左史記言，右史記事。"先秦時期的《尚書》、《春秋》、《左傳》、《國語》、《戰國策》等都是流傳後世的史書。漢代偉大的史學家司馬遷所撰寫的《史記》更是一部劃時代的紀傳體史書。此後班固撰寫的《三國志》以及其他編年體史書如《資治通鑑》，紀事本末史書如《宋史紀事本末》等，皆相繼問世，蔚為可觀。史書主要是以文字形式記述過去出現的重要人物的身世、活動和重要的事件，後人從中不僅可以獲得詳實的歷史信息，而且還能夠吸取到治國、處世等各種寶貴的經驗，這也就是人們通常所説的"以史為鑑"。

　　以文字記述歷史自古已然，那麼繪畫是否也能夠記述歷史呢？對此，張彥遠在《歷代名畫記》中曾有一個評析："留乎形容，式昭盛德之事，具其成敗，以傳既往之蹤。記傳所以敘其事，不能載其容，讚頌有以詠其美，不能備其象，圖畫之製，所以兼之也。"這一評述不僅表明繪畫（圖畫）可以記述歷史（"傳既往之蹤"），而且還指出它在記述歷史方面比一般文字的優越之處，即能"備其象"、"載其容"。根據這一點，他批評了東漢王充"視畫古人如視死人，見其面而不若觀其言行"的見解。張彥遠進而指出，文字（書）與圖畫原初"同體而未分"，"書畫異名而同體"。這種"同體"的原初狀態決定了兩者的相通之處，即文字（書）包含了繪畫因素（"象形"），而繪畫的"圖形"亦具有文字之"指事"、"會意"的功能。儘管後來"書"主要是"傳其意"，"畫"則主要是"見其形"，但按張彥遠的看法，兩者終究都是因"天地聖人之意"而存在的。這些論述表明，在中國古代藝術史家心目中，與文字一樣，繪畫也能夠以特定的方式（"象"、"容"、"形"）來記述歷史。

　　客觀地講，在記述歷史上，文字顯然要比繪畫更透徹詳實，尤其是在完整地描述歷史事件的經過，揭示歷史事件的原因、意義以及記載人物言行方面，文字更具優越性。但在反映和刻劃某一歷史時期人物形象特徵、衣冠形制以及當時的風物形態上，繪畫的優越就顯露出來了。張彥遠就説："若論衣服、車輿、土風、人物，年代各異，南北有殊，觀畫之宜，在乎詳審。"他還説："詳辯古今之物，商較土風之宜，指事繪形，可驗時代。" 這些話雖然是對繪畫創作提出某些要求，但繪畫一旦達到上述要求，它當然要比一般文字更具真實性、直觀性和生動性。換句話説，在記述歷史方面，繪畫顯然要比文字具有更濃厚的審美意味。

　　在中國繪畫史上，先秦時期的歷史題材繪畫還不多見，當時的青銅器、漆器和帛畫上的人物畫主要是以"宴飲"、"狩獵"、"農桑"、"歌舞"和"神怪"的題材為主。到了秦漢時期，歷史題材才開始佔有比較重要的地位，尤其是畫像石、畫像磚上的歷史題材更是頻繁出現，如周公輔成王、大禹治水、荊軻刺秦王、孔子見老子、完璧歸趙、聶政自屠、晏子見齊景公、鴻門宴等，都是人們耳熟能詳、廣為傳誦的，而且在表現手法和形式構造上都達到了較高的水平。魏晉南北朝是中國繪畫走向自覺的時期，歷史題材的繪畫也獲得了進一步發展和更高的藝術成就。這一時期的不少著名畫家都熱衷於歷史題材的創作，如司馬昭的《漢武帝回中圖》、顧愷之的《古賢圖》、戴逵的《孔子弟子圖》、謝稚的《孟母圖》、陸探微的《黃帝戰涿鹿圖》等。其中大約戴逵的水平比較突出，謝赫在《古畫品》中説他"善圖賢聖，百工所範"。所謂"賢聖"就是歷史人物題材，戴逵描繪這一類題材的水平為眾多畫工所推崇，可見影響之大。隋唐的人物畫又有重大的飛躍，歷史題材也倍受畫家重視。據《歷代名畫記》和《唐朝名畫錄》所載，閻立德繪有《文成公主降蕃圖》，閻立本繪有《永徽朝臣圖》，曹元廓繪有《高祖太宗諸子圖》，周昉繪有《仲尼問禮圖》、《劉宣按武圖》

等等，從這些作品的題材內容來看可知，畫家多取於本朝的歷史人物和事件。與六朝的歷史題材作品相比，其時間間距與畫家生活的時代已大大縮小了，不過我們在張彥遠《歷代名畫記》第三卷的"述古之秘畫珍圖"一節中可以看到，當時人們所收藏的歷史題材的作品還是十分"古遠"的，如有《五帝鉤命決圖》、《鴻都門圖》、《五嶽真形圖》、《黃帝攻法圖》、《伍胥水戰圖》、《黃帝昇龍圖》、《周成公壞吉凶圖》、《太史公漢書圖》，唐代對歷史題材繪畫的重視和珍愛由此可見一斑。歷史題材在宋代達到了成熟時期，像李公麟、李唐、蕭照、劉松年和陳居中就是兩宋的歷史畫高手，他們創作的《免冑圖》、《採薇圖》、《晉文公復國圖》、《光武渡河圖》、《中興瑞應圖》、《文姬歸漢圖》都是歷史畫不朽之作。作品不僅藝術水準高超精湛，而且寓意深刻，具有鮮明的針對性和現實感，從而將歷史畫的思想性和藝術性都提升到了一個新的層次和高度。

宋代之後，歷史畫的創作仍然持續發展，並獲得了令人矚目的成就，這裡就不一一贅述了。

中國畫的題材相當豐富，歷史題材只是其中的一個重要類型。而就歷史畫本身而言，則又可細分為如下幾種類型：

一是歷史傳說，如上文提到的《黃帝戰涿鹿圖》、《黃帝攻法圖》、《黃帝昇龍圖》以及《孔子見老子》等，就屬於這一類。另據郭若虛在《圖畫見聞志》所載，衛協繪製的《穆天子宴瑤池圖》、觀德則繪製的《帝舜娥皇女英圖》、展子虔繪製的《禹治水圖》也都屬於這一類題材範疇。由於是"傳說"，所以這一題材的真實性就不是最重要的。重要的是它的歷史性，即由題材所透發和引導而出的古遠的文化空間，而傳說中的人物或事件正是在這一空間中虛實相間，真幻參半，帶有較濃的文學色彩而令人遐想。

二是歷史事件，這一類題材往往著眼於歷史上曾發生和出現過的人和事，因而作品具有很大的真實性。郭若虛曾說："蓋古人必以聖賢形象，往昔事實，含毫命素，製為圖畫。"講的就是這種真實（"事實"）性。米芾在《畫史》中說："今人絕不畫故事，則為之人又不考古衣冠，皆使人發笑。"則是批評有些畫家在表現這一類題材的失真之處。上文提到的如《荊軻刺秦》、《鴻門宴》、《孔子弟子圖》、《文成公主降蕃圖》就屬於這一類作品。還有清人所繪的《康熙南巡圖》、《乾隆南巡盛典圖》、《接見馬戛爾尼特使》以及元時所繪的《元軍東征日本》等也是如此。當然這裡所謂真實性是相對的。較之於歷史傳說，歷史事件的真實性主要是指作品題材所賴以產生的歷史客觀事實，而就如何以某種藝術方式去反映和描繪這一歷史客觀事實，即如何做到與歷史客觀事實相吻合往往是不確定的。同一題材在不同畫家手中的表現往往大相徑庭——也就是說，歷史真實與藝術真實無法劃等號，無法做到完全統一。但由於有客觀歷史事實作基礎，所以這一類型題材的作品畢竟閃耀出一種真實的品質光輝。特別是有些描繪重大歷史事件的作品能夠十分詳備地繪載其人物的情態和場面景象。如《康熙南巡圖》就是這樣一幅鴻篇巨製，它描繪了康熙二十八年第二次南巡的事跡，整個畫面包羅萬象，人物富麗，景物繁華，帝王的威儀、皇家的排場以及巡視路程所經見的自然景觀、市廛街衢和民間風俗皆一一收攝筆下。這一作品不僅具有很高的藝術價值，同時還具有極高的史料文獻價值。

　　三是歷史人物，這一類題材與上述兩種題材常常是交叉的，因為無論是歷史傳說，還是歷史事件，它們的主角都是人物。這裡我們將這一題材作為一種類型來看待，主要是指這樣一種審美傾向，即作品將重心放在人物形象和性格的刻劃方面，而淡化了它的"事件"性質。一些描繪歷史上的聖賢、帝王、后妃以及文人雅士的作品就大體屬於這一類。需要強調的是，這一題材所描繪的人物必是以歷史上實有其人為依據，否則就與其他人物題材相混淆而不能視作歷史題材範疇了。

　　歷代畫家為什麼重視歷史題材創作呢？這與這一題材的功能是相聯繫的。對此我們可以從如下幾個方面來看：

　　第一，歷史題材繪畫可以將歷史與藝術以直觀的方式展示出來，從而豐富和深化人們對歷史真相的感知和認識。謝赫説："千載寂寥，披圖可鑑。"姚最在《續畫品》中説："立萬象於胸懷，傳千祀於毫翰。"米芾在《畫史》中記載當時人們在觀賞《武王誓師獨夫崇飲圖》時感歎道："觀其事跡，不覺千古之遠。"郭若虛説："跡曠代之幽潛，託無窮之炳煥。"這些論述表明，歷史本是"寂寥"、"幽潛"而"古遠"，但是通過繪畫表現即能"可鑑"、"可傳"、"可觀"。概言之，歷史由此而成為人們可以直接感知和認識的對象。

　　第二，歷史題材繪畫可以起到助人倫、成教化的作用。由於受到儒家思想的影響，中國的文學藝術一直強調它的教化功能和作用，繪畫也不例外。如曹植説："知存乎鑑戒者，圖畫也。"謝赫説："圖繪者，莫明勸戒，著升沉。"郭若虛也説："圖畫者，要在指鑑賢愚，發明治亂。"應該説，繪畫的這種功能和作用，並非一般題材就能勝任，而往往是由歷史題材繪畫來承擔的。尤其是描繪那些古代聖賢、帝王、后妃美德以及針砭愚惡之人的作品，其功能和作用尤為顯著。對此曹植有一段論述將這一主旨闡發得最為明確："觀畫者，見三皇五帝，莫不仰戴；見三季暴主，莫不悲惋；見篡臣賊嗣，莫不切齒；見高節妙士，莫不忘食；見忠節死難，莫不抗首；見放臣斥子，莫不歎息；見淫夫妒婦，莫不側目；見令妃順后，莫不嘉貴。"這裡所説的"三皇五帝"、"三季暴主"、"篡臣賊嗣"、"令妃順后"，顯然都屬於歷史題材範疇，曹植將它們所產生的教化功能和作用説得很充分，並強調了這種功能和作用主要是通過激發人們的審美情感（"悲惋"、"切齒"、"歎息"、"側目"）來實現的。後來唐代的裴孝源也發表了類似的見解，並對歷史題材繪畫所產生的教化功能和作用作了進一步探討。他説："其於忠臣孝子，賢愚美惡，莫不圖之屋壁，以訓將來。或想功烈於千年，聆英威於百代。乃心存懿跡，默匠儀形。其餘風化幽微，感而遂至。"在裴孝源看來，觀賞歷史題材繪畫，它們所表現出來的"美惡賢愚"特徵和傾向，可以以潛移默化（"風化幽微"、"感而遂至"）的途徑，美化人的心靈（"心存懿跡"），改善人的行為方式（"默匠儀形"），從而達到其教化（"訓"）的目的。

第三，歷史題材繪畫能夠對治國理政產生一定的影響，並通過某種題材表現方式來警示特定的社會現實。張彥遠説："夫畫者……窮神變，測幽微，與六籍同功。""圖畫者，有國之鴻寶，理亂之綱紀。"這一論述將繪畫（尤其是歷史題材畫）的功能擴大了——在張彥遠的心目中，繪畫的功能可以像儒家經典（"六籍"）一樣，對整頓朝綱和社會秩序產生重要影響。這些論述在今天看來可能有誇溢之嫌，但也從一個方面表明當時的繪畫在人們文化生活中的地位。而且我們看到，一些畫家的確也將繪畫功能看得很大，他們力圖通過創作歷史題材繪畫來影響某種政治現實。如南宋李唐創作的《採薇圖》就是很好的例證。該圖描繪了殷商的伯夷、叔齊因殷亡而遁入首陽山採薇，最後絕食而亡的故事，旨在針砭當時南宋朝廷中的投降派。後來元人宋杞在畫卷題跋中寫道："意在箴規，表夷、齊不臣於周者，為南渡降臣發也。"畫家力求以繪畫影響政治現實的意圖一目了然。由於畫家的社會地位，也由於繪畫的審美屬性和特點，決定了畫家在表達自己這一意圖時不可能採取直接方式，而往往借取歷史題材，以古喻今，從而曲折地表達出自己的政治見解。此外李唐創作的《晉文公復國圖》、蕭照的《光武渡河圖》和《中興瑞應圖》以及宋人繪製的《朱雲折檻圖》等，也都是以古喻今、力求影響現實政治的歷史畫傑作。

歷史題材繪畫之所以能發揮以上功能和作用，是與它的藝術特點和表現手法相聯繫的。有些手法和特點是歷史題材畫與其他題材的人物畫所共有的，但在歷史題材畫這裡表現得比較顯著，還有的手法和特點乃是歷史題材畫所特有的，我們須加着意把握之。

首先，有不少歷史題材畫中的人物造型都呈現出莊重古樸的風貌，這是因為不少歷史題材畫所選取的表現對象多為古代聖賢和帝王，所以按照郭若虛的看法，他們的造型就呈現出"崇上聖天日之表"、"威福嚴重之儀"。而且我們應看到，這些題材作品往往被置於宮苑殿堂這樣一種場合環境之中，所以要求人物造型必須與之相協調。據《圖畫見聞志》記載，唐德宗曾在當時的西宮見到"老臣遺像"，其人物造型可謂"威福嚴重"，令人觀之"顒然肅然"、"和敬在色"。而作品所置的環境乃是"閣閣崇構"，十分宏偉肅穆。同書又載，唐文宗曾自撰《尚書》中"君臣事跡"，讓畫工繪於皇宮的太液亭，其人物造型風貌與之相應乃可想見。應當說，歷史題材畫人物造型上的這一特點與道釋題材畫人物造型的特點是很相近的，然而道釋的造型往往於莊嚴之中呈現出一種離塵脫世的仙家風範，而聖賢、帝王等歷史人物造型則於莊嚴古樸之中依然凝結着一種真實的現世品貌。

其次，歷史題材畫比一般題材更注重情節的表現。因為歷史題材除了一些比較莊嚴的帝王、聖賢和后妃形象之外，大都是以"事件"為主，而"事件"則往往體現於"情節"化的過程中，畫家在描繪情節化事件時善於捕捉能夠充分反映事件性質的人物關係和情景——一般說來，這種關係和情景分為兩種，一者為矛盾衝突的關係，一者為呼應襯托情景。如《荊軻刺秦》、《二桃殺三士》、《鴻門宴》以及《乾隆平定准部回部戰圖》、《華人火燒外國商館》、《中法大戰圖》、《攻擊東郊民巷》等，就屬於前者；而《周公輔成王》、《孔子見老子》、《伯牙鼓琴圖》、《蘇李泣別圖》、《聘龐圖》、《楊妃上馬圖》、《潯陽送客圖》、《西園雅集圖》等，就屬於後者。應當說，無論是前者還是後者，都需要畫家在刻劃人物身姿動作、神態表情上花費心思、着意經營，這樣才能將情節化的"事件"內涵很好地展示出來。人們翻閱和欣賞本書中許多作品時，可以看出中國歷代畫家在這方面的傑出的藝術才能。

　　再者，有不少作品由於題材內容決定，所表現和描繪的場面十分宏大，人物眾多，景物繁複，在這一方面，歷史題材畫與一些風俗畫（如《清明上河圖》）是相似的，然而這些特點，在歷史題材畫上表現尤為突出。因為有些歷史題材畫所選取的是比較重大的歷史事件，所以非得以鴻篇巨製加以全景式的觀照和呈現才行。畫家在描繪這一類題材時，既要做到統籌全局，又要能中心突出，畫面安排要舒展而又緊湊，唯其如此，方能既具歷史的真實性，又不失藝術性，或者說，既能彰顯整體的氣勢格局，又能透視局部細節且不流於瑣碎。本書中的很多作品如《親蠶圖》、《萬樹園賜宴圖》、《達賴喇嘛見順治》、《康熙南巡圖》、《乾隆南巡盛典圖》等，都是這樣令人稱道的傑作。

　　本書所選取的歷史題材作品，不僅數量多（共一百幅），內容豐富，時間跨度大（幾乎涵蓋了從古堯舜時期一直到清代為止的整個漫長的歷史進程），而且我們看到，其繪畫的物質載體也是品類多樣，既有紙、帛之繪畫，又有畫像石、壁畫、版畫、年畫，到了清代甚至又有了銅版畫和油畫。正是由於載體材料的不同，這些歷史題材作品在藝術手法上也呈現出多姿多彩的形態，如畫像石的古樸、壁畫的嚴整、年畫和版畫的誇張而簡括以及清代一些繪畫作品受到西畫影響（更不用說油畫了），從而在造型和構圖上所表現出來的新的語言樣式和趣味，觀之真如從山陰道上行，萬象叢生，令人目不暇接。

　　總而言之，從這本《畫中歷史》中，我們不僅可以領略到漫長而輝煌，且令人感奮、讚歎的中國歷史，而且還可以欣賞到中國繪畫藝術的精湛和高妙，從而獲得極大的審美愉悅和享受。

　　最後需要說明的是，本書原由我的學生沈蓓、許婧星查找圖片，寫成初稿，後又由我的學生朱光耀重新撰寫，最後由我修定、補充、統稿完成，因而可以說這是一本集體智慧的結晶。長處已在前文說了不少，而瑕疵只能由讀者明眼發見挑之了。

樊波

2007年1月

《許由巢父》

軸 絹本 水墨 淡設色

〔明〕吳偉

縱142.7厘米

橫77.6厘米

（日）德川黎明會藏

許由巢父

在這幅作品中，畫家十分出色地描繪了巢父和許由在河邊對話的場景。圖中巢父正牽着牛轉首朝向許由，而許由則濯足河中，抬頭應對，兩人神態的刻劃極為自然生動。畫家繼承了南宋院體畫風，衣紋線條剛健挺拔，頓挫分明，背景松樹和石坡的描繪顯示了畫家精湛的功力和奔放的風格。

是圖描繪了許由、巢父淡泊名利、隱逸山林的內容。許由、巢父二人皆為堯帝時期的人物，可以說是中國歷史中最早的隱士了。在中國的封建社會中，人們把那些具備出仕為官的條件而不願為官、甘於退隱林泉的文人學士稱為"隱士"。

堯帝時，巢父是有名的賢能之士，因其隱逸於山林間，在樹上築巢而居，故曰"巢父"。一天堯找到了巢父隱居的山中，希望巢父能接替自己的位置。巢父不為所動，於是堯又找到另一位賢能之士許由。許由認為自己的才能不如舜，而且自己更樂於享受無拘無束的山林之樂，也拒絕了堯的邀請。不久，許由逃到登封箕山之中隱居了起來，過着"日出而作，日落而息"的隱士生活。

堯後來又到箕山之中找到了許由，想請他做九州之長。許由認為堯的話分明是污染了自己的耳朵，於是來到水邊洗耳。此時他正巧遇上了在此牧牛的巢父。巢父見許由洗耳，便詢問其故。許由說："堯想要我做九州之長，我討厭這種污染我耳朵的話，所以來此清澈的水邊洗耳。"

巢父聽完，不高興地說："你若是棲居在人跡罕至的深谷中，誰還會找到你？可你偏偏要四處跑來跑去，這不分明是在沽名釣譽嗎？所以你才會聽到這些話。現在你把洗過耳的水也污染了，我可不會讓我的牛喝這樣污濁的水。"於是巢父便把他的牛牽到河的上游去了。

■ 吳偉（1459—1508），明代畫家。字士英、次翁，號小仙，江夏（今湖北武漢）人。明憲宗時他因畫稱旨，賜"畫狀元"印。

《禹王治水》

天津楊柳青年畫

禹王治水

在民間木版年畫中，天津楊柳青年畫以刻工精麗、繪製細膩、色彩絢美名聞海內。該圖並沒有直接表現大禹治水的艱難場景，而是着意展示了治水後的安康景象。圖中被鎖在柱子上的貌似麒麟的動物可能為水神的象徵形象，而大禹的造型應與原始部落首領的形象有很大出入——民間畫師乃是根據需要和想像，將大禹塑造成了一位武士和王侯兼而有之的形象。由於是年畫形式，所以圖中人物造型略帶誇張，相當生動。衣紋勾勒沿襲中國畫的傳統手法，細勁而流暢，然而色彩卻明快而鮮豔，體現了年畫的特點。神話中對淮河水神巫支祈的描述很有意思，這位水神據説形若猿猴，縮鼻高額，青軀白首，金目雪牙，這與本圖的形象也有很大出入。

畫面的內容出自《異聞錄》。似乎古老的歷史總是從神話傳説開始。上古之時，洪水滔天，舜帝便命令大禹治水救民。禹治江北諸水均十分順利，惟治理淮水時，水神巫支祈作怪，觸岸皆崩，十分兇猛。大禹遂派烏木由、童律二天神與巫支祈大戰，二神皆不能勝；接着又派庚辰神應戰，水神不敵，逃入水中。天神庚辰乃掌管時間之神，快步如飛，遂將巫支祈擒獲。大禹便將巫支祈壓於龜山之下，水患因而平息。

《史記》載，堯帝時，洪水滔天，"浩浩懷山襄陵，下民甚憂"，於是便出現了治水英雄鯀和禹。鯀雖是為人剛毅，膽識過人，卻不知水性。他採用雍塞的辦法治水，多年不見成效。舜接替堯成為部落聯盟首領後，發現鯀治水不力，便殺了鯀，由鯀的兒子禹繼續治水。

大禹吸取了父親治水失敗的教訓，採用了疏導的治水途徑，開渠排水，疏通河道。禹為了治水成功，曾三過家門而不入。他因治水有功，被人們尊稱為大禹。孔子便説過，如果沒有大禹，我們這裡恐怕只有魚，哪裡會有人呢？

舜年老之後，物色繼承人選。因為大禹治水的功績，大家都推選了禹，於是禹便承襲了部落聯盟的首領。禹死後，禹所在的夏部落的貴族卻推舉禹的兒子啟繼承了禹的位置。中國歷史上第一個奴隸制國家夏王朝從此誕生。

《採薇圖》

卷 絹本 設色〔南宋〕李唐 縱27.2厘米 橫90.5厘米

北京故宮博物院藏

李唐在《採薇圖》中，給了我們一個近鏡頭的描繪：懸崖峭壁間的一塊巨石上，伯夷、叔齊二人相視而坐，猶如岩石、蒼松一樣堅毅頑強。畫中側坐者為叔齊，似在很投入地向伯夷說些什麼，而伯夷則面容清瘦，雙眉緊鎖，兩眼投射出堅定的目光，雙手抱膝，倚樹而坐。人物衣紋勾勒挺健細長，疏朗簡括。而背景樹石描繪則濃密沉厚，兩者形成了很好的襯托對比關係。

■ 李唐（1047—1130），南宋畫家。字晞古，河陽三城（今河南孟縣）人。北宋徽宗時為畫院待詔，後又為南宋畫院待詔，並賜金帶。擅長山水、人物及花鳥、界畫。

採薇圖

此畫表現了殷商伯夷、叔齊不食周粟，隱居首陽山，以採薇為生的故事。

伯夷、叔齊是商朝末年孤竹國國君的長子和三子。孤竹國國君生前有意立叔齊為嗣子，以承襲君位。孤竹國國君死後，按照常禮，長子應該即位，而廉潔自守的伯夷卻說：「應該尊重父親生前的遺願，國君由叔齊來做。」他放棄君位，逃出孤竹國。大家又推舉叔齊為君，叔齊說：「我若為君，於兄弟不義，於禮制不合。」也逃出了孤竹國，和長兄伯夷一起過着流亡的生活。

為了躲避殘暴的商紂王，伯夷、叔齊隱居在渤海之濱，等待清平之世的到來。後來聽說周族在西方強盛起來，西伯姬昌（周文王）是位有德之人，兄弟二人便長途跋涉來到周的都邑岐山。此時文王已死，武王姬發即位。武王聽說有二位賢人到來，便派周公姬旦前往迎接，周公與他們立書盟誓，答應給他們兄弟二等的俸祿和與此相應的職位。二人相視而笑：

「這不是我們追求的那種仁道啊！」當周武王坐着裝有其父周文王靈牌的戰車揮師伐紂時，伯夷拉住周武王的馬頭說：「父死不埋葬，卻發動戰爭，這叫做孝嗎？身為商的臣子卻要弒殺君主，這叫做仁嗎？」周圍的人要殺伯夷、叔齊，被統軍大臣姜尚制止了。姜尚說：「這是講義氣的人啊，不要殺害他們。」就讓他們走開了。

周武王和商紂王大戰於牧野，紂王麾下的奴隸兵臨陣倒戈，武王取得大勝，滅掉商朝，建立周朝。伯夷與叔齊以自己歸順西周為恥，為了表示自己的氣節，他們發誓不吃周的糧食為生，隱居在首陽山，以薇菜為食。最終他們餓死在首陽山上。

他們兄弟互愛讓國、不食周粟以及以身殉道的行為一直受到後人的大加讚賞。孔子說，他們的做法，求仁得仁，沒有什麼可後悔的，他們的仁義名聲，百世之上、百世之下，均為世人學習的典範。

《渭水河》

木版年畫 河南 朱仙鎮

朱仙鎮的年畫與天津楊柳青年畫、江蘇桃花塢年畫齊名。朱仙鎮年畫人物形象較為淳樸，具有濃郁的鄉土氣息，色彩豔麗，為中國北方年畫的代表。魯迅先生不止一次地提及朱仙鎮年畫的獨特魅力，稱讚其木刻刀法雄厚、樸實，是"極富民族色彩的製作"。該圖中的人物造型渾樸簡拙，整個畫面構圖飽滿、均衡，且內含變化。

⬤ 渭水河

　　此畫取材於"姜太公釣魚"的歷史典故。姜尚，名望，呂氏，字子牙，俗稱"姜太公"，東海海濱人，先祖在舜時當過一方的部落酋長，曾協助夏禹治水有功，被封於呂地（今河南南陽），以地為姓，故又稱呂尚。姜尚是個很有抱負的人，卻一直懷才不遇。商末他做過小官，紂王的無道使他心灰意冷，在遭受政治迫害的情況下他逃出商朝都城朝歌。據傳，此時他已年近八十。

　　聽說諸侯王姬昌克己勤政，且很愛惜人才，姜尚便到周國管轄的渭水河邊過起了隱居生活。為了吸引姬昌的注意，姜尚天天坐在河邊垂釣。他的魚鉤是直的，從不放魚餌，總是離水面很高。他一邊垂釣還一邊自言自語："魚兒，你快點上鉤吧！"人們總是嘲笑地告訴他，這樣不會釣到魚的，姜尚則笑道："魚兒會上鉤的。"

　　一天，周文王姬昌坐着車子、帶着武王和士兵們到渭水邊打獵。在渭水邊，姬昌看見這個奇怪的老頭在河岸邊直鉤垂釣，便前去看個究竟。姜尚對文王的人馬不理不睬，仍安安靜靜地釣他的魚。文王遂下了車，走到姜尚身邊，和他聊起天來。在談話中，文王發現姜尚是個胸懷大志、學識淵博的人，他上通天文，下知地理，且對政治、軍事等方面更有自己獨到的看法，認為商王無道，因由一位英明的君主取而代之。文王聽後，高興地說："我祖父生前對我說過，將來會有一位賢能之人幫助我把周族興盛起來，您正是我要找的人啊！"說罷，文王請姜尚一同上車，回到宮中。

　　姜尚在輔佐文王期間，一面提倡生產，一面訓練兵馬，周族的勢力很快強大起來。沒過幾年，周族逐漸佔領了商朝統治的大部分地區，歸附文王的部落也越來越多。文王死後，姜尚輔佐武王推翻了商朝的統治，從而建立了中國歷史上年代最久的周朝。

《周公輔成王》

漢畫像石 山東嘉祥

畫像石和畫像磚是漢代美術史中最重要的組成部分，二者均為用於建造祠堂、墓室以及石闕的建築材料。山東嘉祥的畫像石可謂漢代畫像石藝術之典範。在這幅畫像石中，成王正站在几案上接受左側周公的膜拜，生動反映了二者的尊長關係。作品採用了"陰刻"的手法，圖中人物形象以"體面"造型為主，輔之以線條表現，交待出人物體態結構和衣紋轉折關係。畫像石獨特的材質性使這件作品給人一種厚重雄渾的美感。

周公輔成王

此幅畫像石反映了西周初年周公旦輔佐侄兒成王掌管國事的歷史故事。

漢代佔主導思想的是儒家文化,而漢代的畫像石則往往通過切入歷史來表達對儒家思想的宣揚。此幅畫像石中的周公就是儒家推崇備至的賢德之士。

周公旦在西周的歷史中是個舉足輕重的人物。《尚書大傳》說:"周公攝政,一年治亂,兩年克殷,三年踐奄,四年建侯衛,五年營成周,六年制禮作樂,七年致政成王。"由此可見,周公的歷史貢獻遠不止輔佐成王。周公旦為武王姬發的弟弟。周武王建立周朝兩年便病死了,其子姬誦承襲王位,這就是周成王。是時,成王十三歲,於是周公旦輔佐侄兒姬誦掌管國事,代理天子的職權。

在王位的繼承上,周公實行了嫡長子承襲制。古代人實行一夫多妻制,正妻為嫡,其子為嫡子;其他妻子為"庶",其子為庶子。因為嫡長子只有一個,由他來佔據王位,也就基本杜絕了兄弟間因王位之爭而手足相殘,從而使西周出現了一段政治上較為平靜的歷史時期。對此,周公功不可沒。

周公一心輔佐成王,儘管地位很高,但洗頭時一碰到急事,便馬上停下來,手握頭髮去處理政事;而吃飯時,聽說有人求見,便把來不及咽下去的飯吐出來,去接見那些求見他的人。曹操讚之曰:"周公吐哺,天下歸心。"不過當時周公的弟弟管叔、蔡叔則在多方面造謠生事,說周公要篡位奪權,並與紂王的兒子武庚串通一氣,聯絡一批殷商的舊貴族以及東夷中的幾個部落發動叛亂。周公在平息謠言取得國人信任以後,親率大軍東征。費了三年的時間,周公平定叛亂,殺了武庚。管叔自縊而死,蔡叔則被充軍。

周公東征途中,一大批商朝貴族成了俘虜。周公不放心這批人留在原來的地方,同時又為了控制廣大的東部地區,便在鎬京(今陝西西安西南)的東邊新建一座都城洛邑(今河南洛陽),把商朝的貴族遷到那裡,派兵管理。從此,西周便有了兩座都城,西邊的為鎬京,東邊的為洛邑。

周公輔佐成王七年,到成王滿二十歲時,便把國事交給了成王管理。從成王到其子康王姬釗,前後五十多年為西周的強盛時期,史稱"成康之治"。

《管仲射小白》

漢畫像石　山東宋山

畫面中人物的刻劃粗放簡率，但絲毫不影響對其人物神情的表現以及緊張的故事情節的營造。圖中管仲彎腰查看倒在地上的公子小白的傷情，他身後的兩名侍從正露出猜疑的神色。與之相應，公子小白身後的侍從面對主公的中箭受傷則不知所措。作者巧妙地抓住這一瞬間的緊張情節，加以形象化的表現，使之具有了強烈的藝術魅力，生動地再現了這一春秋初期的歷史事件。作品乃以陰刻手法表現，但卻虛略線條的描繪，所以給人一種類似剪影的審美效果。

管仲射小白

在齊桓公成就霸主功業的過程中，管仲可謂立下了汗馬功勞，不過此前卻發生了一齣管仲差點一箭射死公子小白（後為齊桓公）的事件。

前686年，齊國發生內亂，公孫無知殺國主齊襄公，並自立為王。不過僅僅一年時間，公孫無知又為齊國貴族所殺，齊國君位一時空懸無主。早年齊襄公的兩位弟弟——公子糾和公子小白，因看到齊襄公昏庸失德，擔心禍及自身，先後逃出齊國，公子糾逃到魯國，公子小白則逃往莒國。此時二人均日夜兼程，最先返回齊國者自然可以即國君之位。

公子小白所在的莒國離齊國較近，而公子糾所在的魯國離齊國則較遠。公子糾自知難以趕上小白，便派管仲帶領一隊人馬先往，企圖在齊、莒之間的信道上截殺小白。管仲輕車急馳，很快趕上公子小白一行人馬。他躲在僻靜處，慢慢舉弓，向小白狠狠射出一箭，小白應聲中箭倒地。管仲以為小白已死，便向公子糾報信去了。誰知管仲只是射中了小白的玉帶鉤，小白將計就計，立命部下發佈自己的死訊，人人披麻帶孝，面帶感容。他自己則藏在車中，加速前往齊國。公子糾對管仲一直十分信任，聽說小白已死，便放慢了車隊前進的速度，結果小白與鮑叔牙等隨從搶先到達齊國，順理成章地即位為君，是為齊桓公。此時的公子糾只好灰溜溜地返回魯國。

公子小白即位後，為成就春秋霸業，大敗魯軍，強烈要求魯莊公殺了公子糾，並交出管仲。管仲到達齊國後，小白為他舉行了隆重的歡迎儀式，立為相國。在管仲的輔佐下，齊桓公九合諸侯，一匡天下，成就了不朽之霸業。

《驪姬之亂》

漢畫像石　山東嘉祥

圖中共繪七人，左四人，右三人，作對話狀。左邊四個男子，三人站立，前面一人跪坐，此人當為晉國太子申生，其對面一人抬手躬身，應是晉獻公。晉獻公身後一女子無疑為驪姬，一兒童是驪姬之子奚齊。七人中唯獨獻公的面部作了正面刻繪，與身前身後的人均形成明顯的呼應關係，可見作者在構圖上的匠心獨具，而獻公腳下有一隻仰斃地上的狗則更能說明問題。

 驪姬之亂

驪姬為晉獻公的寵妃，風姿綽約卻又詭計多端，在獻公前極盡諂媚取憐之能事。晉獻公在史書中也不乏劣跡的記載，生性好色的他為世子時，就與庶母齊姜私通，生子申生，即位後立齊姜為夫人，申生為太子。後來驪姬生的兒子為奚齊。齊姜死後，賈君為夫人，獻公為了博取驪姬的歡心，不顧占卜所現的凶兆，斷然改立驪姬為夫人，進而又想廢掉太子申生，改立奚齊為太子。

在晉獻公的八個兒子中，太子申生最為賢能孝悌，深受群臣擁戴，於是驪姬想方設法陷害太子。前656年，驪姬假託夢見了太子已故的母親齊姜，讓太子到曲沃祭祀已故的母親。太子回來後把祭祀的肉和酒獻給獻公。驪姬暗中在肉上灑了毒藥，然後對晉獻公說這肉有毒，晉獻公不信，把肉給狗吃，狗立刻就死了。獻公大怒，以為太子要謀害他，於是下令捉拿太子。太子逃回曲沃，晉獻公便殺了太子

的老師杜原款。手下人建議太子為自己申辯，揭露驪姬的陰謀。太子則說："沒有驪姬，父親定會寢食難安；為自己辯護，驪姬就會受到懲罰，父親年紀那麼大，我不想讓他太傷心。"手下人又勸他趕快逃走，太子始終不肯離去。是年，太子在曲沃自縊而死。野心勃勃的驪姬接着陷害太子的弟弟——同樣以賢能著稱的重耳（後為晉文公），重耳則帶着賢士趙衰、狐偃、先軫等人開始了長期的流亡歷程。

晉獻公死後，奚齊即位，不過很快與驪姬一起被大夫里克所殺。機關算盡的驪姬最終等來的是黃粱一夢，成為了本幅漢畫像石作品中的反面教材。在崇尚愚忠愚孝的漢代，太子申生自然又成了宣揚儒家經義的正面典型。不過，他的弟弟重耳在經過長達十九年的逃亡生活後輾轉回國，並最終登上國君的寶座，這也同樣深受世人的讚譽。

《晉文公復國圖》

卷 絹本 水墨 設色 〔南宋〕李唐（傳） 全圖縱29.4厘米 橫827厘米 （美）大都會美術館藏

該圖體現了南宋院體那種謹嚴、精緻的畫風，同時也反映了李唐兼擅人物、山水和界畫等多方面的繪畫才能。圖中所繪人物形態各異，文公的雍容莊重、使臣的恭敬、武士的威嚴、仕女的秀雅、馬夫僕役的畏怯均刻劃得細緻入微，充分展示了李唐對歷史題材繪畫的駕馭能力。

晉文公復國圖

本幅《晉文公復國圖》取材於《左傳》中記載的流亡在外十九年的晉文公歷經磨難、復國稱霸的內容。晉文公重耳是個大器晚成的君王，他表現出的在逆境中安然處之的態度一直為世人稱道。

重耳是晉獻公的兒子，因他的繼母驪姬想讓自己的兒子即位，重耳最終被其父放逐出國。不過在重耳長達十九年的流亡生活中，一批賢臣能將總不離左右。獻公死後，重耳的異母弟弟夷吾做了國君，也就是晉惠公。惠公為免除後患，便派人去刺殺重耳，不料走漏風聲，寄居在狄國的重耳聞訊慌忙逃往齊國避難。此時他在狄國時討的一個妻子，已經生了孩子。告別狄國時他對這位妻子說："我如果過二十五年不回來，你再改嫁吧。"而這時的晉文公已經五十五歲了，再過二十五年就是八十歲的老翁了，能等得到嗎？他的這種樂觀既有幾分可愛又讓人充滿敬意，而他這位妻子的回答更是意味深長："到了那時，我墳上的柏樹也會長得很大了。儘管如此，我還是等子的回答更是意味深長"

你。"於是重耳帶着狐偃、介子推、趙衰、先軫等人來到齊國。

重耳投靠了齊桓公後，齊桓公不愧為霸主的身份，對他十分照顧，將宗室之女齊姜許配給了他，並為其修築府第。但是重耳在齊國好景不長，不幾年收留他們的齊桓公病逝，齊國內部的混戰迫使他們再一次踏上漫長的流亡之路。史載重耳離開齊國後又來到曹國、宋國，經宋國再到鄭國、楚國，最後得到另一個霸主秦穆公的幫助，顛沛流離十九年後終於輾轉回到故國，即位為晉文公，勵精圖治，終成霸業。

北宋的滅亡使李唐身受顛沛流離之苦。他經受離亂來到南宋都城臨安（今浙江杭州）時，已將近八十歲高齡。初到臨安他貧困交加，沒有被人知曉，後入南宋畫院，以繪歷史故事畫見長。作為一名愛國的畫家，他慣於用歷史題材來闡明尖銳的政治主題，而此幅作品的寓意顯然是希望偏安一隅的南宋君王能像晉文公那樣回到熱戀的故土中去。

《伯牙鼓琴圖》

卷 絹本 水墨 設色 〔元〕王振鵬 縱31.4厘米 橫9.2厘米 北京故宮博物院藏

在圖中，畫家將俞伯牙描繪得氣宇拔俗，神態自如，撫琴姿態端重優雅，而鍾子期凝神賞音的神情刻劃
也準確入微。人物衣紋勾描細勁宛轉，整個畫面疏朗曠潔，而優美的琴聲彷彿正迴蕩其間。

■　王振鵬，元代畫家，生卒年不詳。字朋梅，永嘉（今浙江溫州）人。因元仁宗尤其賞識他的
　　畫藝，故賜號孤雲處士。他曾入祕書監，得以遍觀皇室所藏古今畫作，所以有機會臨摹古人
　　名跡。《伯牙鼓琴圖》乃是他的代表作之一。

伯牙鼓琴圖

《伯牙鼓琴圖》描繪了琴師俞伯牙為知音鍾子期彈琴的故事。伯牙鼓琴的故事出自《列子·湯問》。

春秋時期的俞伯牙以琴藝著稱於世，《荀子·勸學》曾有"伯牙鼓琴，而六馬仰秣"的記載，意為俞伯牙美妙的琴聲竟引得正在吃草的馬兒也會仰頭聆聽。據說，俞伯牙曾拜高人為師，他的演奏在當時能給人一種前所未有的審美體驗。

一次俞伯牙在山上彈琴，琴聲悠揚，漸入佳境，忽聽身邊傳來喝彩之聲。尋聲望去，原來是樵夫鍾子期從此經過。於是俞伯牙為其彈奏了一曲，鍾子期感歎道："善哉，善哉，真是巍巍乎志在高山啊！"俞伯牙又彈了一曲，鍾子期感歎道："善哉，善哉，真是洋洋乎志在流水啊！"伯牙驚奇地說："你就是我尋覓多年的知音！"二人遂成為非常要好的朋友。而這首志在高山流水間的曲子，即為"高山流水"，後人便以高山流水喻指樂曲的高妙境界以及知音難覓的感慨。

《呂氏春秋》也記載了俞伯牙為鍾子期鼓琴的故事，且交待了故事的結局：鍾子期死後，俞伯牙摔琴於二人初次見面的山間，終身不再彈琴。本幅作品中鍾子期已不見樵夫的模樣，眉宇間透露出文人儒雅的清新氣息，正在低頭傾聽好友俞伯牙的精妙演奏。而俞伯牙則敞胸露臂，大有仙風道骨之氣度。該圖在章法安排上左右對稱，平穩妥當，但人物上下錯落，富於變化，作者巧妙地減少了圖中的背景層次，除了兩塊石頭、一個放置香爐的几案外，不見任何景物，大大烘托了作品沉靜高遠之境，使俞伯牙、鍾子期的人物形象更加豐滿鮮活、高古清奇，特別是俞伯牙演奏時的雙手姿式，一撥一按，輕提慢揉，描繪得可謂既準確又精妙。

整個畫面具有濃厚的超脫塵俗的情感色彩以及將現實隱逸化的追求傾向，這緣於元朝士人社會性的隱逸情懷。應該說王振鵬此幅《伯牙鼓琴圖》充分體現了元代典型的時代審美風貌。

《季札掛劍》

漢畫像石 山東宋山

此幅畫像石表現的是季札在徐王墓前祭拜的場景。圖中右側正在祭拜的季札和徐王之子姿態恭敬嚴肅，而左側季札的兩個侍從則正交頭接耳，如有所語。在漢代的畫像石中此幅作品屬於風格較為細膩的一種，其刻劃線條細緻流暢，人物形象更是栩栩如生，呼之欲出。與漢代畫像石中雄渾大氣的一類作品相比，此幅作品同樣別有一番風味。

季札掛劍

此幅畫像石作品出土於距離山東武氏祠十餘公里的宋山，表現了吳國公子季札贈劍於徐王的歷史故事。

春秋時期吳王壽夢有四個兒子，季札為其中最小的兒子，因其封邑於延陵（今江蘇常州附近）地區，故史稱"延陵季子"。季札聰穎仁厚，壽夢很希望他能承襲自己的國君之位。對於王位，季札避而不受，一再堅持傳位於大哥，自己則擔當起拜訪各個諸侯國的出使任務，為了吳國遊走四方。

季札最初北上出使魯國，途徑徐國（今安徽泗縣一帶）時，受到徐王的盛情款待，多住了幾日，並與徐王成為無話不談的至交好友。幾日後，季札離開徐國，徐王特設宴為他餞行。宴席上既有美酒佳餚，又有美妙動聽的音樂。季札為之陶醉，酒性漸濃時拔劍而舞，以之表示對徐王的感激之情。而此時，徐王一直對季札手中的寶劍流露出欣賞、愛慕的神色。吳國出產的寶劍原本就天下聞名，而季札手中拿的作為出使各國信物的寶物更是精緻絕倫。

雖說徐王非常喜歡季札的劍，但出於禮節，一直不好開口。季札則早看出了徐王的心思，因為出使魯國時要用此劍作為信物，遂心中決定出訪魯國歸來時將此劍贈予徐王。

不過，季札自魯國返回時徐王已死。在徐王墓前，季札悲從中來，解下所佩的寶劍，掛在徐王墓前的樹上，方才離去。隨從說："徐王已死，您這樣做還有什麼用呢？再說，當初您也並沒有說要把寶劍贈予徐王啊。"季札說："當初我早在心裡許下諾言，要將寶劍贈予徐王，豈能因徐王已死便不講信用呢？"

季札作為春秋時以"賢"名聞天下的吳國公子飽受時人的敬仰，他此次出使各國，對吳國的強大起到了很大的推動作用。自徐國北上後，他分別訪問了魯國、齊國、魏國、晉國這些春秋時的強國，且在出訪過程中與晏嬰、子產、叔向等賢能之士均有交往。而他出使各國返回後，便遵守許諾，途徑徐國，從而發生了季札掛劍的歷史故事。

《二桃殺三士》

漢畫像石 河南南陽

河南南陽一帶為漢畫像石又一主要分佈區。相較其他地區而言，南陽的畫像石以風格細膩著稱，長於表現人物、動物的運動及速度。圖中三名勇士的神情在相互的矛盾衝突中得到生動的表現，其造型簡潔明快，充滿動感，線條圓轉而遒勁，當為漢畫像中的精品。

◉ 二桃殺三士

二桃殺三士的故事來源於《晏子春秋·諫下二》。齊景公是個很有野心的君王，他任用晏嬰為相，並提拔許多勇士為官，其中有三名勇士：公孫接、田開疆、古冶子，都曾立過大功，深受齊景公寵信。不過這三人卻勾結朝中奸佞之臣，驕橫跋扈，作威作福，相國晏嬰深為憂慮。

晏嬰是個身高不滿六尺的醜陋的矮個子，卻頭腦機敏，能言善辯。齊景公二十六年（前556）晏嬰被任為上大夫，歷事齊公、莊公、景公三朝，是春秋後期一位重要的政治家、思想家。

一天，晏嬰從公孫接、田開疆、古冶子三人身邊經過，小步快走以示敬意，但這三個人卻不起來，非常失禮。對此，晏嬰極為生氣，便對景公說三人"上無君臣之義，下無長幼之禮，內不能除暴，外不能抗敵"，建議趕快除掉他們，辦法是由景公派人賞賜他們兩個桃子，讓他們說說自己的功績，看誰的功績大，就賞給誰吃。

公孫接說："有一次，我隨主公打獵，突然有隻猛虎向主公撲來，我赤手空拳把它打死，救了主公一命，依我這樣的功績，可以吃一個桃子，而不用和別人共吃一個。"於是他拿了一個桃子。田開疆說："我手拿兵器，接連兩次擊退敵軍，像我這樣的功勞，也可以自己單吃一個，用不着與別人共吃一個。"於是他也拿起了一個桃子。古冶子則說："當年主公橫渡黃河，大鱉咬住拉車的馬，拖到了河的中間。那時我不能在水面游，只有潛到水裡，頂住逆流潛行百步，又順着水流，潛行九里，才抓住大鱉殺了它。我左手握着馬的尾巴，右手提着大鱉的頭，像仙鶴一樣躍出水面。渡口上的人都大為吃驚地說：'河神出來了。'仔細一看，原來是鱉的頭。像我這樣的功勞，自然可以自己吃一個，而不能與別人共吃一個。難道你們二位比我的功勞大嗎？"說着站起來，拔出了劍。公孫接說："我們沒你勇敢可言。"說罷，刎頸自殺。田開疆也一聲不響地交出桃子，刎頸而死。古冶子看到這種情形，說道："我們本來親如兄弟，現在為爭這兩個桃子，你們兩人都被我逼得自殺了。我仍活着，是不仁；用話語自吹自擂，羞辱別人是不義；悔恨自己的言行，卻不敢去死，是不勇。"他羞愧之下，也刎頸自殺了。景公按照勇士的葬禮厚葬了他們。

《衛靈公夫人》

卷 絹本 淡設色 〔東晉〕顧愷之(傳) 縱25.8厘米 橫470.3厘米 北京故宮博物院藏

此圖選自《列女圖》,雖為宋人摹本,但從圖卷的人物形象、動作、服飾以及繪畫風格來看,當以魏晉之際的手筆為根據,應該能夠反映顧愷之以及那個時代的畫風和藝術水平。

《列女圖》表現的內容為漢代劉向《列女傳》第三卷《仁智傳》中的人物故事。整個畫面現存十段,共二十八人,每段上均有相關人名及頌辭,用線雖較為粗健,但自然流暢,猶如流水行地,人物衣褶部分有暈染,體量感很強。

衛靈公夫人

本幅畫面表現的內容為衛靈公夫人南子的故事。圖中衛靈公和南子席地而坐，如有所語。按《列女傳》的說法，此時靈公正與夫人南子在宮中夜坐，先聽到轔轔的車聲，可車聲到宮門時卻突然消失了，過了宮門又響了起來。南子說："這一定是蘧伯玉的車隊從此經過。"靈公問道："你怎麼知道？"南子說："君子非常注意自己的生活細節。車走到宮門口時，沒了聲音，那是車的主人讓車夫下車，用手扶着車轅慢行，怕車聲打擾國君。我聽說蘧伯玉是一位很有道德操行的君子，所以我才敢斷定過去的是蘧伯玉。"衛靈公忙派人打聽，果然是蘧伯玉從此經過。不過他卻給自己的夫人南子開了一個小小的玩笑，說過去的人並不是蘧伯玉。南子隨即恭賀靈公道："沒想到衛國還另有與蘧伯玉一樣的人，此乃國家之福。"靈公驚呼："善哉！"

南子來自宋國宗室，在史書中不僅以"仁智"著稱，同樣還不乏讓人津津樂道的緋聞。她貌美有淫行，待字閨中時便與公子朝私通。公子朝相貌俊美，同樣也深受衛靈公寵倖，這是中國歷史中比較早的同性戀記載。他們的姦情路人皆知，據《左傳·定公一四年》載，一次衛國太子經過宋國，聽到宋人歌之曰："既定爾婁豬，盍歸吾艾豭？"意思是說：你們已經得到了求子的母豬，為什麼還不歸還我們那漂亮的公豬？影響之壞，不言而喻。

緣於南子的壞名聲，就連拜見過南子的孔子都受到其徒弟子路的誤解，急得孔子對子路賭咒發誓，大呼："如果我有不良的企圖，上天將殺了我！"其實，孔子只不過想通過南子說服衛靈公採取一些好的治國建議而已。

《楚靈王好細腰》

天津楊柳青年畫

畫面中楚靈王在飲酒，妃嬪兩邊侍坐，而眾大臣則分立左右。案前兩宮伎揚袖而舞，四樂伎擊鼓、吹簫、撇笛、敲鑼，與曼妙的舞姿合和而為一。其場景、人物安排動靜相襯，疏密合宜，構圖對稱而不平板，畫面洋溢出喜樂的氛圍。

楚靈王好細腰

此幅作品表現了"楚王好細腰，而國中多餓人"的典故。楚靈王是楚國最著名的暴君，大凡這樣的君王傳之後世的故事也最多。

楚靈王即位之時，是楚國最為強盛的時候，而他臨死之時，卻沒有立足之地。他為了維護霸主的面子，四處征伐，使楚國與各諸侯國間戰事不斷。連年的征戰消耗了先輩們多年的積累，而他一味沉湎於花天酒地之中，更使他失去了民心。

楚靈王七年（前534），章華臺建成，他下令安置逃亡者在此服役。章華臺高三十仞，又叫"三休臺"，因其十分高大，登上臺頂需途中休息三次，故名。楚靈王又在章華臺四周修建了大量亭臺樓閣，精美絕倫，名之曰"章華宮"。高臺建好之後，靈王派使臣去各諸侯國，召集諸侯王一起來參加落成典禮，從此自己也住進章華宮盡情享樂起來。

楚靈王因好細腰美女，便盡選細腰美女藏於宮內，故章華宮又稱"細腰宮"，靈王整日於宮內驕奢淫逸地生活。入選宮內的女子因害怕腰變粗而遭靈王降罪，故個個不敢飽食，多被折磨致死。楚靈王不僅喜愛細腰女子，同時也寵倖細腰大臣。故《墨子》云：過去，楚靈王好男子細腰。所以靈王的臣子們，都節衣縮食，屏住呼吸後再繫上腰帶，扶着牆然後才能站起身。等過了一年，朝中有的臣子們開始臉色黧黑。大臣之所以這麼做，緣於一旦腰粗便會被靈王棄之不用，甚至是降罪於身。

從今天的考古資料來看，楚靈王好細腰曾於楚地形成了廣為流行的社會風尚。出土於楚地的兩張最早的帛畫——《人物御龍圖》、《龍鳳人物圖》中的一男一女也都呈細腰之態，且腰細得甚至有些誇張。上行下效，楚王好細腰，以至於國人達到了病態追求的程度。在後人的詩詞中，"楚腰"遂成為細腰的代名詞。杜牧便以"楚腰纖細掌中輕"來形容趙飛燕婀娜的舞姿。

不過，楚靈王這種怪癖曾導致楚國國勢的一度衰落，而他的倒行逆施更激起天怒人怨。靈王只知吃喝玩樂，早把國事給忘得一乾二淨。楚靈王十二年（前529）蔡公棄疾（後為楚平王）等人趁靈王長期外出遊玩不歸之機殺了靈王的太子，並立公子比為新的楚王。眾叛親離的靈王在山中徘徊三天，無人敢收留他。又餓又累的靈王最後只落得孑然一身、吊死荒野的可悲下場。

《閔子騫駕車失棰》

漢畫像石　山東嘉祥武氏祠

此幅畫像石作品表現的是閔子騫駕車失棰的瞬間。車馬及人物的外衣輪廓細膩優美，線條圓潤流暢，充滿動感。因圖中造型幾乎全為陰刻，車馬及人物造型以高度概括洗煉的“體面”加以構造，故而整個畫面尤顯得沉穩厚重、樸實粗獷，很耐玩味。

閔子騫駕車失棰

孝行作為封建性極強的傳統文化觀念一直支配着人們的思想取向和行為方式，在漢代尤為如此。漢代統治者倡導以孝治天下，選擇官吏也以孝廉作為重要標準。因此，以孝著稱的閔子騫出現在漢畫像石中更是具有典型的時代特徵。

閔子騫（前536—前487），名損，字子騫，春秋末期魯國人，為孔子七十二弟子之一，在孔門中以孝著稱。孔子稱讚他說："孝哉，閔子騫！"因為閔子騫作為孔子門人的特殊身份，歷代帝王對其孝道多次予以追封。唐開元二十七年（739）追封其為費侯，北宋時追封為瑯琊公，南宋時又追封為費公。

閔子騫駕車失棰的事情發生在他的少年時期。"失棰"意即馬鞭掉落地上，"棰"乃馬鞭之意。閔子騫少年喪母，父親娶了繼母。繼母一直偏愛自己的親生兒子，虐待閔子騫。可閔子騫並沒有告知父親，而是對繼母十分孝敬。一年冬天，異常寒冷，繼母給自己的兩個親生兒子都做了棉衣，裡面塞滿暖和的棉花，而給閔子騫的棉衣裡放的卻是不怎麼禦寒的蘆花。一次父親外出時，要閔子騫給自己駕車，不一會閔子騫便冷得雙手僵硬，連韁繩、馬鞭都握不住了。最後，韁繩、馬鞭掉落地上，馬車翻倒路旁。

其父勃然大怒，邊訓斥，邊用鞭子狠狠地打他，以至於棉衣都打破了，露出了蘆花。如夢方醒的父親返回家中，要將這狠心的繼母趕出家門。此時閔子騫則以德報怨，跪在地上為繼母求情。其父遂改變了主意。繼母十分羞愧，再也不虐待閔子騫了。

閔子騫後投師孔門，因家貧交不起充當學費的乾肉條，他便為孔子送上一缸精心釀製的美酒。有的同學譏笑他說："曹溪之水，怎抵得上乾肉條呢？"孔子聞言則說："閔子騫千里求學，精神可嘉，雖是曹溪一滴，卻遠勝乾肉百條。"閔子騫讀書十分刻苦，是孔子七十二門人中較為突出的一位，深受後人敬仰。

《要離刺慶忌》

漢畫像石 山東嘉祥武氏祠

圖中表現的是虎背熊腰的慶忌正將要離溺於水中的情景。慶忌雖已身受重傷，不過還是威武勇猛，而要
離在他手下顯得似乎不堪一擊。史載，要離儘管勇猛過人，卻醜陋瘦小，這於畫面中也得到了充分的
顯示。圖中作者刻意強調慶忌身材的偉岸以及要離的靈巧。畫面充滿了情節的緊張氛圍，人物動作幅度
大，具有強烈的視覺衝突感。

要離刺慶忌

前515年，吳王僚被殺，而由闔閭即位，此後，吳王僚的兒子慶忌逃往衛國。此人有萬夫莫當之勇，在吳國號稱第一勇士，現於衛國艾城招兵買馬，伺機報吳王闔閭殺父之仇。闔閭唯恐自己有性命之憂，遂決意招募刺客，暗殺慶忌。伍子胥便向闔閭推薦了自己的友人要離前往。據司馬遷《史記》記載：要離時為吳國一員猛將，力大無窮，會使各種兵器，曾為吳國立過赫赫戰功。

為了行刺的順利進行，要離先用竹劍刺傷了吳王闔閭的手腕，再用真劍砍斷了自己的右臂，將自己偽裝成誤傷吳王的兇手。臨行前，要離還要吳王闔閭殺了他的妻子，並將他妻子的屍體燒成灰燼。慶忌得知要離的遭遇後，對其深信不疑，並委派他訓練自己的軍隊。幾月後，慶忌認為自己已經有了一支訓練有素的軍隊，便與要離一起出征吳國。要離和慶忌同乘戰艦，順流而下，在取得一次戰役的勝利後，慶忌便於湖上忘乎所以地飲酒慶功。要離乘慶忌酒興正酣之際，在月光下獨臂猛刺慶忌，力量極大，以至於透入心窩，穿出後背。

慶忌也是一名勇士，被利劍刺傷後，還能倒提着要離，溺入水中多次，然後將要離放在膝蓋上，笑着說："天下竟有如此勇士敢刺殺我！"左右侍衛紛紛上前要殺掉要離，慶忌阻止說："怎麼可以一日殺掉兩個天地間的勇士呢？"隨後，含笑而死。

要離回到吳國，闔閭要予以重賞。要離則說："我殺慶忌，不是為了功利，而是為了吳國的太平，讓百姓能安居樂業。"說完自刎於金殿之上。吳王闔閭深為惋惜，將其葬於刺客專諸的墓旁。

《趙氏孤兒》

漢畫像石 河南南陽

趙氏孤兒是漢畫像石中風格較為突出的一幅作品。圖左為懷抱嬰兒的程嬰，圖右則為趙家門客公孫杵
臼。作者先陽刻出二者的大體輪廓，再搭配以流暢遒潤的陰刻線條，人物形象呼之欲出，情態可掬，且
彼此呼應，從而將救孤的場景十分出色地展現出來。

趙氏孤兒

晉靈公夷皋為春秋時的無道之君，寵愛奸佞之臣屠岸賈，荒於政事，為人殘暴狠毒，尤其喜歡拿着彈弓攻擊路上的行人。大夫趙盾直言進諫，勸其勤政愛民。在受到晉靈公迫害的情況下，趙盾出逃，後來直到晉靈公為趙盾族弟趙穿所殺，趙盾才回國恢復相國之位。

晉景公三年（前509），大夫屠岸賈又舊事重提，說趙盾曾參與密謀刺殺晉靈公，背着晉景公擅自發兵誅殺趙氏全家三百多口。趙盾之子趙朔的妻子為晉成公的姐姐莊姬公主，所以倖免於難，被送回宮內居住，而她此時已有身孕，不久便生下一名男嬰，起名趙武。屠岸賈擔心趙氏遺孤會有復仇之心，便進宮搜查。據《史記·趙世家》記載，在屠岸賈搜查孤兒時，莊姬公主將嬰兒藏於褲襠中，才使其倖免一死。後來，趙朔的好友程嬰喬裝打扮成醫生的模樣，以為公主治病為由混進宮中，趙氏孤兒才被藏於藥箱中輾轉救出宮外。

隨之，程嬰與趙朔的門客公孫杵臼商議救孤之策。程嬰將自己的兒子冒充趙氏孤兒交給公孫杵臼，並到屠岸賈處假裝告發遺孤下落。屠岸賈信以為真，而程嬰的孩子與公孫杵臼則為此獻出了生命。

十五年後，晉景公病入膏肓，占卜者告訴他這是趙氏子孫後代在晉國不順利，因而作怪。大夫韓厥便說："趙氏世代都建立功業，從未斷絕過香火。如今只有君主你滅了趙氏宗族，晉國人都為他們悲哀。"景公問："趙氏還有後代嗎？"韓厥遂把實情告訴給了景公。在韓厥等人的努力下，景公為趙氏昭雪平冤，誅殺屠岸賈全族，並封趙氏孤兒趙武為大夫，恢復了趙氏的土地封邑。

趙氏孤兒的歷史故事曾被後世演繹成多種形式的戲劇，傳唱不衰，甚至傳至海外。法國啟蒙思想家伏爾泰便把元雜劇《趙氏孤兒》改編成《中國孤兒》，於1755年在巴黎公演，立即轟動法國劇壇，成為膾炙人口的名劇，不斷上演。伏爾泰認為《趙氏孤兒》集中體現了中國道德和儒家文化的精髓，對程嬰、公孫杵臼的忠誠、犧牲精神予以了高度讚賞。

《孔子見老子》

漢畫像石 山東嘉祥武氏祠

武氏在東漢中期是山東的名門望族，世代為官。東漢桓帝建和元年（147），其後世子孫始於墓前建造武氏祠堂，精工細作，數十年乃成。原祠有前石室為武榮祠，後石室為武開明祠，左右室為武斑祠，居中為武梁祠。武氏祠畫像石內容豐富，取材廣泛，包括歷史人物、歷史故事、孝義故事、烈女故事、神話傳說以及各種車馬出行、宴席樂舞、庖廚、水陸攻戰、祥瑞災異等圖像，其中歷史題材的圖像多與儒家文化的宣揚密切相關。

圖中拄曲杖者為老子，身前推獨輪小車的少年為項橐，項橐的一側則為孔子，孔子身後站立着子路、顏回等弟子。該圖亦為陰刻手法繪製而成，人物造型十分生動，人物輕重、疏密關係處理得自然合宜。

孔子見老子

此幅畫像石作品表現了孔子向老子虛心求教的內容。

老子姓李名耳，字聃。他倡導清靜無為的人生觀，與莊子並稱"老莊"，是中國道家學派的核心人物。而千百年來，孔子作為中國儒家學派的代表人物，也早不是春秋時魯國的一名教書先生，而是成為中國傳統文化的象徵。孔子（前551—前479）名丘，字仲尼。他三歲喪父，由其母教養成人，一生都在孜孜不倦地學習，以至於"發憤忘食，樂以忘憂，不知老之將至"。可以說，他是對中華民族的性格、氣質產生過最大影響的人。

這兩位大思想家見面的發生時間一說是在孔子五十一歲的時候，不過《史記·孔子世家》則認為孔子是在自己十七歲時受魯國國君的派遣去周王城拜見老子的。在畫像石作品中，多採用前一種說法，且總不忘在孔子身後繪製上眾多孔子弟子的形象。總之，孔子拜見老子是歷史上存在過的事，且老子要比孔子大多了。當時的孔子聽自己的學生南宮敬叔讚譽老子是一名令人景仰的有識之士，便決定前去拜訪。魯國君王也很贊同孔子拜見老子，認為這樣能夠增進魯、楚兩國間的友好關係，特地為孔子準備了車馬和侍衛。於是孔子在南宮敬叔的引導下，帶着弟子們經過長途跋涉來到洛邑。老子聞訊後，異常高興，便帶着弟子們前去迎接。相見後，年齡上的懸殊使孔子顯得有些拘謹，但孔子的真誠、虛心使老子毫無保留地向其傳授了治學的道理，並贈給孔子相關的圖書典籍。

後來，孔子對這次會面一直念念不忘，每當他向學生們講起拜見老子的情形，總表露出對老子的敬仰之情。他曾說："我之所以有長進，就是因為見到過了不起的老子，並得到他博學的教誨。因此，我的學問是和老子分不開的。"

孔子拜見老子的題材在漢代墓葬和祠堂中極為常見。這一是緣於儒學在漢代的獨尊地位，二是緣於民間的喪葬意識，同時也受到神仙思想和早期道教的影響。孔子與老子二人一儒一道頗有文化象徵意義，二人的會見正表明，在漢代儒道兩種觀念在某種意義上是合二為一的，而這一切都在作品莊重古樸的人物風貌上得到充分顯示。

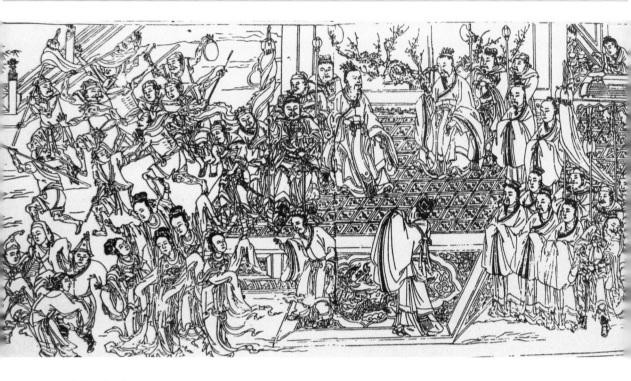

《夾谷會齊》

明代 木刻版畫

圖中，孔子正向齊、魯兩位國君義正辭嚴地表達自己的觀點，而兩組舞蹈人員正欲撤離現場。全圖共繪四十人，場面宏大，製作精細，人物形象更是刻劃得細緻入微，無論是舞者還是侍衛都有着不同的神情和動作，尤其是圖右下側的一名侍衛正歪着頭忍俊失笑，更把整個夾谷會齊的場面渲染得有聲有色。該圖雖為版畫作品，但作者吸收了卷軸人物畫的藝術手法，線條柔中見剛，頓挫有力。畫面人物眾多，但卻能相當統一完整，並突出了孔子的主體形象。

夾谷會齊

因孔子一直被封建統治者美化成德侔天地、道貫古今的聖人，故而專門表現孔子生平內容的連環畫被稱為《聖跡圖》，多為木刻版畫，有着不同的材質和版本。我們今天所能見到的最早的版本是明代正統九年（1444）的木版刊本。此幅《夾谷會齊》便為當時的刊本。這套連環畫選取孔子生平的典型情節加以描繪，並配以相關的文字說明，形象生動地再現了孔子一生的經歷。此種圖文並茂的繪畫形式極具系統化、文學化，無疑是向公眾傳播孔子事跡和思想的最佳方式。

"夾谷會齊"是孔子一生中十分光彩的事跡。孔子一生都沒有放棄"學而優則仕"的政治熱情，也有着自己獨到的政治見解，但當時的統治者對他始終採取敬而遠之的態度，因此他也產生過"道不行，乘桴浮於海"的想法。孔子真正參與政治的時間僅有四年多，其間他雖已五十多歲，但仍幹了不少事，職務提升也很快，不過他終因與魯國當權者政見不同而被迫離開魯國，開始了十多年周遊列國的旅程。

"夾谷會齊"事件發生於孔子從政期間。魯定公九年（前501）五十一歲的孔子被任命為中都宰，後又升為大司寇。魯定公十年（前500），在齊強魯弱的情況下，齊景公與魯定公會於夾谷，分賓主坐下。會間齊景公先是要舞者表演一段揮舞旌旗，手持矛、戟、劍、木盾等兵器的舞蹈，此時隨行的孔子提出抗議，據理力爭，認為此類舞蹈乃"夷狄之樂"，請予撤出。齊景公又"請奏宮中之樂，倡優侏儒為戲"，孔子認為這是"熒惑諸侯"，再次奏請將其撤下。因為孔子的大智大勇，此次外交活動中弱小的魯國捍衛了自己的尊嚴，避免了不必要的利益損害。

《曾母擲梭 》

漢畫像石　山東嘉祥武氏祠

曾母擲梭

在注重孝行的漢代，孝子曾參出現在畫像石中，自然不乏道德教化的色彩。不過曾母擲梭在今天看來則更像是一個寓言故事，至今仍然有着深刻的鑑戒意義。圖中刻繪的內容較為完整，且充滿很強的敍事性。畫面上曾母坐在織機旁，回首望着一個跪在地上的人。有人說這個跪着的人就是曾參，這似乎與我們今天的說法不大一致。本畫像石人物的輪廓線刻劃得細膩流暢，人物造型飽滿生動，人物細微的動作表現更是增強了故事情節的起伏跌宕性。

曾參（前505—前435）字子輿，春秋末期魯國人，與其父曾點皆為孔子的學生，俱列孔門七十二賢。曾參主張"一日三省吾身"，作《孝經》傳之於世。曾子的品行很好。一次，他妻子上街時小兒子又吵又鬧，要跟着去。他妻子騙孩子不要去，說是回來要殺豬給孩子吃。結果曾參便把豬殺了，給孩子樹立了一個誠實的好榜樣。他說，孩子小，只會學父母的樣子，母親若騙了孩子，會讓孩子覺得母親的話不可靠，以後再想教育就不容易了，這對家教很不利。不過，即便對於曾參這樣品行出眾的人，仍發生了曾母擲梭的事情。

一天，曾參的母親正在織布，突然有人跑過來對她說："你兒子殺人了！"曾母認為此人在開玩笑，並不理會，繼續埋頭織布。沒想到，過了一會兒又有一個人跑過來說："你兒子殺人了！"曾母依舊不予理睬，仍然在織她的布。這時，第三個人跑了過來，對她說："你兒子殺人了！"曾母再也不能無動於衷了，於是扔下手中的梭子，翻牆跑了。事後才知道殺人的是另一位叫曾參的人，這只是一場虛驚而已。這個故事之所以至今仍有鑑戒意義，在於它揭示了一個深刻的道理，那就是人的真正的品行（不管它有多高）往往與別人對它的毀譽是不一致的。古人云：眾口鑠金，古今皆然。依曾參的品行，三句假話竟然能使賢母生疑，何況流言蜚語對我們一般人的中傷呢！

《孟母斷機》

軸 絹本 設色

〔清〕康濤

縱88.4厘米 橫31厘米

北京故宮博物院藏

是圖所繪乃孟母正要以刀斷織的瞬間。圖右上題有長跋，敍述"孟母三遷"等如何教育孟子的內容。用筆謹嚴而流暢，人物造型體現出清代人物畫特有的審美樣式，風格細膩柔和，清新淡雅。

■ 康濤，清朝雍正、乾隆年間的畫家，生卒年不詳。後更名為燾。字逸齋，一字康山，號石舟，錢塘（今浙江杭州）人。以人物見長。其畫法承襲明代仇英，用筆工整，形象靜逸。由畫中題跋可知，此畫作於乾隆二十八年（1763）。按作者傳世作品的時間推算，此時應處於康濤的晚年階段，不過其書其畫仍表現出極具工細的面貌，實屬不易。史載，康濤年過七十時仍能作蠅頭小楷，此畫作上的題跋可見一斑。

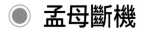

孟母斷機

《三字經》云："昔孟母，擇鄰處；子不學，斷機杼。"孟子之所以成為儒家學派中地位僅次於孔子的人物，被後人稱為"亞聖"，乃得益於孟母的精心教導。孟母為魯大夫党氏之女，有賢德，是位頗有見地、善於教子的女性。早在孟子於其腹中沒有生下之時，她便認識到"胎教"的重要性，《韓詩外傳》載有她說的一段話："吾懷妊是子，席不正不坐，割不正不食，胎教之也。"

孟子，名軻，幼年喪父，母子相依為命。生活雖是貧困，孟母卻為了能讓孟子有個良好的學習環境，三次遷居。孟家原居住在山東鄒城馬鞍山下的凫村，山麓間墳塋處處，孟軻就與其他孩子三五成群地"為墓間之事，踴躍築埋"，玩起模仿送葬、抬棺材、掩埋死人的遊戲。於是孟母舉家從凫村遷到了十里外的廟戶營村。這是一處繁華的小集鎮，每逢一、三、五、七單日，遠近的鄉親們便來此交易，場面喧囂熱鬧。孟軻又和夥伴們玩起了做生意的遊戲，學着商販們討價還價，叫賣吆喝，甚至還學鄰居屠夫殺豬宰羊。最終孟母不願意自己的兒子沾染上唯利是圖的市儈氣又搬家了，來到曾為孔子之孫孔伋設立的"子思書院"旁。孟軻被書院裡的琅琅書聲深深地吸引，讀書人高雅的氣質、從容的風範以及循規蹈矩的禮儀，給了孩子潛移默化的影響。孟軻遂與其他的孩子們經常有模有樣地演練書院中揖讓進退的禮儀，使孟母深為欣慰。

孟軻進書院學習以後，非常的刻苦，不過有時也會顯露出孩子們貪玩的本性，以至於偷懶逃學。有一次孟軻又早早地跑回了家，謊稱尋找丟失的東西。此時孟母正在織布，她並沒有嚴厲地指責自己的兒子，而是拿起刀把織了一半的布全部割斷。孟子早年家境貧寒，僅靠孟母紡線織布維持生計。孟軻急忙問母親為何要這麼做，孟母說："你外出玩耍，荒廢學業，就如同我的刀割斷織了一半的布一樣，將前功盡棄。若要學有所成，就必須日夜苦讀，半途而廢豈能成為通曉學問的君子呢？"孟軻從此苦讀詩書，沒有辜負母親的殷切期望，終成一代儒學宗師。

《莊周夢蝶》

卷 絹本 水墨設色 〔元〕劉貫道 縱30厘米 橫65厘米 (美)私人藏

圖中，莊周於炎炎夏日的樹蔭下酣然入夢，其上一對蝴蝶翩翩起舞，點明畫題。在藝術手法上，本幅作品表現出典型的院體風格，人物造型準確生動，線條挺拔流暢，且有着明顯的粗細變化以及強烈的頓挫之感。畫家還以不同的筆調語言描繪出床榻和書桌的材質特徵。樹木和其他器皿的表現亦一絲不苟，與人物形象融為一體。

■ 劉貫道，元代畫家，生卒年不詳。字仲賢，中山（今河北定縣）人。工畫道釋人物，悉宗晉唐風韻，集前人之長。

莊周夢蝶

莊周是戰國時期宋國蒙（今河南商丘東北）人，為中國古代最傑出的思想家之一，道家學派集大成的人物，主張清靜無為，強調一切事物都處於自生自化之中。莊周夢蝶的故事見於《莊子·齊物論》一文，可謂是對他哲學思想的精妙闡釋。

莊周原本是沒落的貴族知識分子，一度在家鄉出任管理漆園的小吏，身居偏僻的深巷之中，曾靠編織草鞋為生，有時斷炊還要跑到監河侯家借米，甚至他接受魏王召見時，身上穿的依然是打着補丁的粗布舊衣，破了的草鞋也要用麻繩綁着。但儘管他是如此的窮困潦倒，卻終生隱而不仕。

衣衫襤褸的莊周曾在濮水岸邊垂釣，全然不顧身後來了兩個楚威王派來的峨冠博帶的使者。來者說：「我們奉楚威王的差遣，恭請你去總揆國務。」他回答道：「聽說楚國有隻神龜，已經死了三千多年，楚王畢恭畢敬地將其屍骨藏在蓋有絲巾的竹箱裡，供奉在廟堂上。你們說，這隻龜是願意丟下遺骨取貴於廟堂，還是願意活着在泥水裡自由地曳尾游弋？」

莊周同樣對儒家的說教也進行了辛辣的諷刺。在他看來，一些表面上宣揚仁義禮樂的儒者，暗中卻幹着男盜女娼的勾當。《莊子·外物》有一則小品，形象生動地描繪了滿口詩禮的儒者結夥盜墓的情景：

大儒站在墓頂，焦急地對墓裡的小儒說：「東方發白啦，事情辦得怎麼樣了？」

小儒說：「裙子和內衣還沒脫下來，嘿嘿，口裡還含着寶珠。」大儒吩咐小儒說：「古有詩云：青青的麥穗，可惜生於墳地上。這個吝嗇鬼活着不施捨，死後為何把寶珠含在嘴裡？你千萬動作要小心，先用手按住鬢角的部位，後用鐵錘慢慢撬開下巴，再輕輕地分開兩頰，千萬不要碰壞嘴裡的寶珠！」

在《莊子·齊物論》一文中，莊周夢見了自己變成了一隻翩翩起舞的蝴蝶，得意不已，忘記了自身的存在，忽然醒來，驚詫自己仍然是莊周。不知是莊周作夢化為蝴蝶呢，還是蝴蝶作夢化為莊周？是故，清人張潮說：「莊周夢為蝴蝶，莊周之幸也；蝴蝶夢為莊周，蝴蝶之不幸也。」

《妻不下機》

軸 絹本 水墨 淡設色

〔明〕謝時臣

縱185.2厘米 橫94.8厘米

（日）靜嘉堂文庫藏

該圖乃是山水與人物相結合的佳作，筆墨沉厚而謹嚴，造境深幽而富曲折變化。茅舍中的人物形象安排妥帖自然，饒有意趣。作品雖取自歷史題材，但卻能展示出一種意境美感。

■ 謝時臣（1487—？），明代畫家。字思忠，號樗仙，吳（今江蘇蘇州）人，此圖為他六十五歲時所繪。

妻不下機

此幅《妻不下機》描繪了戰國時期蘇秦成名前窮困潦倒的生活，意在勉勵讀書人能於逆境中奮發圖強。

蘇秦，字季子，東周洛陽人，戰國後期合縱連橫策略的代表性人物。

蘇秦最初帶着財物游說秦惠王，希望秦惠王能採取連橫策略，併吞天下，結果卻失望而歸，其間早已用完了隨身攜帶的百斤黃金，"形容枯槁，面目黧黑"，於是"妻不下機，嫂不為炊，父母不與言"。蘇秦深有感觸，乃發奮夜讀，讀書欲睡時便以錐刺股，血流至足。過了一整年，他若有所悟，激動地說："就憑我現在所學的東西足以游說當代的國君了。"蘇秦遂游說了趙、齊、魏、韓、燕、楚等六國，主張六國合縱對抗西方的強秦，一時僅靠三寸不爛之舌，便使六國合縱成功，同心協力，而自己也做了合縱聯盟的盟長，擔任了六國的國相，榮耀無比。蘇秦的車馬路過洛陽時，周顯王趕快派人為他清除道路，並派使臣到郊外迎接慰勞。此時蘇秦的兄弟、妻子、嫂子都俯伏於地，不敢抬頭正視他。蘇秦笑着對嫂子說："你以前對我傲慢得連飯都不讓吃，為何現在卻如此恭順呢？"他的嫂子趕快彎着身子，臉貼着地面請罪說："因為我看到小叔子你地位高，錢財多啊。"

蘇秦感歎道："同樣是我這個人，富貴了連親戚都怕我，貧賤時就輕視慢待我，何況一般人呢！假如我當初在洛陽近郊有二頃良田，如今我還能佩戴得上六個國家的相印嗎？"於是他隨即散發千金，賞賜身邊的親朋好友。其中有個當初曾借給他一百錢作為路費的，蘇秦便拿出一百金（一百萬錢）來予以償還。

蘇秦兩個兄弟受此影響，後來也均以游說諸侯而名揚天下。關於蘇秦，有不少人譏其為左右搖擺的勢利小人。司馬遷則說，蘇秦雖出身於民間，卻能聯合六國合縱相親，這正說明他的才智有超過一般人的地方。蘇秦"刺股"一雪前恥的經歷一直是後人銳意進取的榜樣。

《荊軻刺秦》

漢畫像石 山東嘉祥武氏祠

本圖表現的是刺秦情節發展至高潮時的緊張場面。圖中秦王倉皇間繞柱而走，神情驚愕狼狽。荊軻扔出的匕首，直刺立柱之中。太醫緊抱荊軻，而一旁的秦舞陽則嚇得魂不附體，地上的匣子中為樊於期的人頭。在我們面前，二千多年前一則"士為知己者死"的傳奇故事因一幅漢代畫像石刻而復活了。

荆軻刺秦

公元前230年，秦滅韓國。兩年後秦國大將王翦佔領趙之都城邯鄲，一直揮師北進，逼近燕國。面對強秦的進攻，燕太子丹不操練兵馬，也不打算聯絡諸侯共同抗秦，而將燕國的命運寄託在刺客身上，以期刺殺秦王嬴政後，使秦國內大亂，君臣相疑。太子丹把家產全部拿了出來，找尋可以刺秦的人，於是荆軻成了他的合適人選。

荆軻，衛國人，衛亡後遊歷趙國榆次、邯鄲等地，後到了燕國。

太子丹對荆軻說："拿兵去抗兵，無異於以卵擊石；聯合各國合縱抗秦，也很難辦到。我想派一名勇士，打扮成使者挨近秦王，逼他退還諸侯的土地。秦王答應便好，要是不答應，就把他刺死，你看行否？"

荆軻說："行是行，但要挨近秦王，必先使他相信我們是向他求和的。聽說秦王很想得到燕國最肥沃的土地督亢（今河北涿縣一帶），還有現在流亡到燕國的秦國將軍樊於期。我想，要是拿着樊將軍的人頭和督亢的地圖去獻給秦王，這樣事情就好辦了。"

為了刺秦的順利實施，最終荆軻拿了樊於期的人頭、督亢的地圖，來到秦國，並帶了一把鋒利的匕首，隨行的還有年方十三歲的勇士秦舞陽。公元前227年，太子丹和少數賓客穿上白衣，戴上白帽到易水邊與荆軻依依訣別。臨行時，好友高漸離為之擊起筑樂，荆軻和着節奏唱道："風蕭蕭兮易水寒，壯士一去兮不復還。"

到了朝堂之上，秦舞陽一見朝堂威嚴不可犯的樣子，不由害怕得抖了起來。秦王的侍衛吆喝道："使者為何變了臉色？"

荆軻看了一眼臉色又青又白的秦舞陽，說："鄉野之人，從來沒見過大王的威嚴，免不了害怕，請大王原諒。"秦王有些懷疑，便讓荆軻獨自進前。

秦王打開木匣，果然是樊於期的頭顱。秦王又慢慢打開地圖，幾乎要全部打開時，露出一把匕首。荆軻左手拉住秦王的袖子，右手把匕首向秦王胸口直刺過去。可惜沒有刺中，荆軻追逐秦王，秦王繞着柱子跑來跑去，最終拔劍砍斷了荆軻左腿。荆軻隨即拿着匕首向秦王扔去，不幸未中，匕首刺中立柱。

《泗水取鼎》

漢畫像石　山東嘉祥武氏祠

泗水取鼎

圖中鼎和龍是故事的核心。鼎象徵着秦的政權，龍象徵着"真龍天子"。水出蛟龍咬斷繩索使秦始皇取鼎失敗，既告訴後之當權者不要像秦始皇那樣的暴虐無德，同時又暗示着漢家劉氏政權存在的合理性。此圖與我們今天所能見到的眾多泗水取鼎圖一樣，採取平列的、概念化的構圖方式，刻劃了鼎被撈出水面，蛟龍咬斷鼎繩的瞬間，岸邊拉繩的人們倒伏在地，堤上的官員們驚惶失措，動感十足。該圖所呈現的平列的、概念化的構圖方式，為山東武氏祠大場面題材構圖處理的典型風貌。

此畫像石表現了秦始皇泗水取鼎失敗的故事，隱含着對以暴政著稱的秦王朝壽命不長的詛咒。

鼎為王權的象徵。夏禹曾鑄九鼎，把其治水時所遇到的奇神怪獸鑄在上面，讓人們能認識鼎上的神物與鬼魅，無論走到何處都能分辨出好與壞、善與惡。九鼎隨之成為傳國重寶、天下共主的象徵。此後每個朝代無不以對九鼎的擁有來證明自己政權的合法性。商湯伐桀時，夏鼎被遷到商都。周武王伐紂，又把九鼎移到洛陽。東周時，楚莊王見周王室衰微，曾詢問九鼎的大小輕重。由此，"問鼎"遂成為覬覦王權的同義語。後來這些鼎又為秦昭襄王拿走，但是路過泗水的時候，其中的一隻鼎落入水中。始皇二十八年（前219），秦始皇巡視山東，返回時路過彭城，就組織數千人入泗水打撈這隻丟失的寶鼎，可惜沒有成功。由圖中可見，人們正用繩索將鼎捆住，往岸上猛拉。當鼎快上岸時，突然間有一條龍伸出頭來，咬斷繩索，鼎再次沉入水中，再也無法找到。這顯然是史家的附會之說。

秦始皇沒有撈出的寶鼎一直讓漢朝皇帝耿耿於懷，於是總有方士編造謊言，用讖緯的形式取悅和蒙混皇上。漢武帝時，有方士於地下發現一鼎，此鼎大異於眾鼎，且並無題識。不過，武帝仍十分高興，並因之大赦天下，改年號為"元鼎"。至此，撈鼎的故事圓滿結束。

《鴻門宴》

壁畫 河南洛陽燒溝村61號漢墓

該圖人物造型樸拙而誇張，線條靈動而率意，並能因對象不同而見粗細變化。作品能很好表現出事件的情節性，人物和各種物象的安排，視點自由，穿插有序，設色明快而富於對比，整個畫面渾然統一。

鴻門宴的故事時見於漢代的畫像石中，此幅則為墓室壁畫。故事發生於公元前206年。陳涉起義後，項梁、項羽叔侄和劉邦領導的兩支隊伍先後舉起反秦的大旗。當項羽在鉅鹿一帶消滅秦軍主力時，劉邦則先入關中，目標直指咸陽，準備給垂死的秦王朝以最後一擊。

後來項羽也率軍攻破函谷關，進入關中，屯兵新封鴻門。項羽破關的消息傳來，劉邦陣營人心惶惶。劉邦屬下一位將領曹無傷有意投靠項羽，因而派人傳話："劉邦要關中稱王！"同時項羽手下第一謀臣范增也說："劉邦一向貪財好色，而今進入咸陽，對秦宮的財寶美人毫無所取，可見其志不小。當趁早剪除，勿留後患。"項羽聽了曹無傷的傳話早已怒不可遏，范增的話更無異於火上加油，於是第二天便犒勞士卒，準備攻打劉邦。不過，范增則建議項羽先設下"鴻門夜宴"，預先殺掉劉邦。

項羽的一個叔父叫項伯，因顧念與張良的

● 鴻門宴

舊情，特私下赴漢營告知張良趕快避難。而劉邦則以胞兄的禮節接待了項伯，並與之結為兒女親家。

宴間，項羽、項伯背西朝東，范增背北朝南，劉邦背南朝北，張良背東朝西陪侍。劉邦先十分謙卑地說："我追隨將軍一起滅秦，將軍在北方交戰，我轉軍西進，萬沒想到僥倖先攻破關中，這就好像是隨從先把屋舍打掃乾淨，然後迎接主人到來一樣。可是現在卻有小人暗中挑撥，讓我們間產生了嫌隙，這真令我惶恐不安啊！"

項羽為自己開脫說："這都是你部下曹無傷說的，否則我和你哪有什麼嫌隙？"

此時項羽已相信劉邦的說辭，並留其在營中一起飲酒。酒宴開始後，范增數次使眼色暗示項羽，又摸了摸身上所佩的玉玦（"玦"與"決"同音，意在提醒項羽臨事決斷），可是項羽始終不為所動。范增只好召來項莊，讓其借舞劍助興之機將劉邦殺死在座位上。項莊舞劍，意在沛公。此時已和劉邦結為兒女親家的項伯也離席起舞，用身體保護劉邦。張良見情勢危急，便讓劉邦借如廁機會逃離鴻門。眾人步行回往灞上，不敢乘坐車騎，以免驚動項羽。走了很遠的距離，張良方進營向項羽道歉，並獻上玉璧、玉斗給項羽、范增。項羽只好收下禮物，不再理會，范增卻氣急敗壞地擊碎玉斗，埋怨項羽道："你小子真不懂事，無法成就大業，將來得天下者定是劉邦，我們都快成為他的俘虜了！"

事後，劉邦率軍東進，發動了楚漢之爭，最終打敗項羽，建立了西漢。

《王陵母伏劍》

漢畫像石　山東嘉祥武氏祠

此幅畫像石表現了王陵母伏劍自刎前，要特使向王陵傳達她遺願的場景。此圖風格粗放，人物形象刻劃簡潔而清拔，質樸厚重之中透出峻秀的作風。在漢像石中，以這樣一位偉大母親的形象作為畫面主角並不多見。

王陵母伏劍

王陵為漢初重臣，官至安國侯。其母在歷史記載中更是一名深明大義的女性，王陵母伏劍的形象出現在漢畫像石作品中，雖是帶有明顯的儒家說教色彩，卻仍不乏感人肺腑的精神魅力。

王陵與漢高祖均為沛地（今江蘇沛縣）人。《漢書》載曰：「高祖微時兄事陵。」意思是說，高祖身份卑微的時候便對王陵事如兄長，可見兩人的手足情深。當時的劉邦地位不高，王陵家卻是沛地的名門望族。

民間流傳這樣的說法：秦昭襄王聽術士進言，說楚國境內的豐邑上方祥雲湧動，乃天子降世之兆，於是派兵誅殺豐地剛出世的男嬰。劉邦的母親就是這時帶着小劉邦逃至沛地，並得到一大戶人家女主人的熱情收留的。這位女主人知書達理，並教導兒子處處善待劉邦，她便是王陵的母親。這顯然是好事者的附會之說，免不了將歷史人物神話化，不過王陵母的耿直忠義卻是有口皆碑的事實。

秦末劉邦率眾起義時，王陵在沛縣也組織了幾千名鄉黨起兵反秦，並一路拼殺，迅速佔領南陽，成為起義軍中一支英勇善戰的隊伍。

項羽作為當時影響力最大的起義軍首領，十分欣賞王陵的才幹，一心想把王陵召進自己的隊伍，而王陵則投靠了同鄉劉邦。時值楚漢爭霸，為了將王陵召至麾下，項羽派人捉拿了王陵的母親，以此要挾王陵投奔自己。以孝聞名的王陵心急如焚，左右為難之際只好派了一位特使前往項羽軍中進行交涉。楚軍為了讓王陵母勸說王陵早日歸降，便同意了此次會見。然而，王陵母認為劉邦的漢軍才是正義之師，將來定會使天下太平、百姓安居樂業，從而拒絕向特使傳達勸降之言。她對特使說：「回去告訴王陵，要好好對待漢王，不要因為我而心懷二意。」說完猛地拔出身邊楚將的劍，自殺身亡。項羽聞訊大怒，竟命令手下將王陵母的屍體給煮了。此舉更加堅定了王陵跟隨劉邦打天下的意志。王陵母終以自己的深明大義而名垂青史。

《王孫一飯》

軸 絹本 水墨

〔明〕謝時臣

縱185.2厘米

橫94.8厘米

（日）靜嘉堂文庫藏

該圖也是一幅人物與山水相結合的佳作。畫面為平遠構圖，境界開闊。儘管圖中自然景物佔據了主要視覺空間，但人物形象（韓信和老婦人）仍然構成了作品的中心。

王孫一飯

此圖取材於西漢初年淮陰侯韓信的故事，是明代畫家謝時臣所繪《四傑四景圖》中的第三幅。

韓信為漢初著名的軍事家，自幼父母雙亡，家道貧寒，不過後來他卻為劉邦建立西漢立下了赫赫戰功，為"漢初三傑"之一。

誰曾想到，韓信當年在淮陰城曾遭受"胯下之辱"！《史記·淮陰侯列傳》記載：淮陰城中有位少年屠夫當眾羞辱韓信，並對他說，你雖然長得又高又大，喜歡佩刀戴劍，其實你膽子很小。如果你不怕死，便以劍刺我，你若怕死，便從我褲襠下鑽過去。韓信於是俯身從那個屠夫的褲襠下鑽了過去。全集市的人都在笑他，認為他是膽小怕死之輩。

落魄的韓信起初既不會經商又不願種地，總是吃了上頓沒下頓，過着貧困且受人歧視的生活。他常到城外的水邊釣魚，以此為生。有位靠為別人漂洗為生的老婦人見他沒飯吃，常把自己的飯菜分給他一半，一連幾十天都是如此。韓信深為感動，發誓今後一定要好好報答她的恩惠。漂母聽了很生氣，說道："你身為男子漢大丈夫，卻不能養活自己，我是看你可憐，才給你飯吃，誰還希望得到你的報答。"韓信聽了非常慚愧，立志要幹出一番事業。

公元前209年，韓信投奔項梁的西楚軍。項梁不久戰死，他只好追隨項羽。他多次向項羽獻策，均不為所用，於是他又投奔了劉邦的軍隊。起先，他同樣也沒有得到重用，劉邦只讓他做一名管糧草的小吏。無奈之下，韓信只好離開漢營，此時他的老朋友蕭何立刻騎馬於月夜將其追回。蕭何對劉邦說，你得到了韓信，便等於得到了天下。劉邦遂在蕭何的安排下，挑選良辰吉日，築高壇，拜任韓信為手下大將。聽說漢王劉邦要拜任大將，許多將領都暗自高興，認為人選便是自己了。直到拜將的那一天，全軍才發現主角竟是籍籍無名的韓信。當然，他們更不會想到韓信日後將建立偉大功業。

《張良吹簫破楚兵》

天津楊柳青年畫

楊柳青年畫是中國民間藝術中的一朵奇葩，而歷史人物則是其中的常見題材。在人物造型上往往採用戲
劇場面中的裝束，從而使整個畫面充滿戲劇性的活潑氣氛。

此畫給我們生動展示了一個西楚霸王項羽垓下之圍時 "四面楚歌" 的戲劇性畫面，使人有身臨其境之
感，似乎圖中主角已不是足智多謀的張良，而是充滿悲劇色彩的項羽與虞姬。

● 張良吹簫破楚兵

公元前206年，項羽在鴻門宴中放走劉邦之後，驅兵進入咸陽，自稱西楚霸王，並封了十八個諸侯王，其中劉邦被封為漢中王。同年，劉邦率軍東進，與項羽開始了四年之久的楚漢之爭。公元前205年，劉邦的漢軍進駐彭城（今江蘇徐州），整日於城中花天酒地，忘乎所以，以至於被項羽的楚軍打得狼狽不堪。於是張良建議劉邦聯合英布、彭越的軍隊，並重用韓信。此等策略逐漸扭轉了漢軍的頹勢，至公元前202年，劉邦聯合各路諸侯的三十萬軍隊把僅有十萬人的楚軍團團圍於垓下（今安徽靈壁縣東南）。

雖然此時漢軍在兵力上有着絕對的優勢，但懾於西楚霸王英勇無敵的威名，仍不敢輕舉妄動。謀士張良自小學有吹簫絕技，於是他於夜間騎鶴（風箏）吹奏楚音《雞鳴歌》，接着又有眾多的士兵隨之應和。一時間，數萬楚兵個個淚流滿面，人人動了思鄉之情。是夜，楚營軍心大亂，逃逸者不可勝數。霸王項羽聽到楚歌後也極為驚慌，心想："漢營中怎麼有這麼多楚人，難道劉邦已佔領楚國不成？"

項羽心亂難眠，遂夜起於營帳中飲酒，美貌傾城的虞姬侍立一旁。此時，四面傳來的楚歌聲更是不絕於耳，項王乃慷慨悲歌曰：

力拔山兮氣蓋世，時不利兮騅不逝。

騅不逝兮可奈何，虞兮虞兮奈若何。

虞姬和之曰：

漢兵已略地，四方楚歌聲。

大王意氣盡，賤妾何聊生。

左右聽之，皆泣下數行，悲痛得"莫能仰視"。隨後，虞姬飲淚自刎。

虞姬死後，英勇的項羽率領僅剩的八百餘人趁夜突圍，劉邦乃以五千鐵騎窮追不捨。臨近烏江時，項羽身邊的兵士所剩無幾。曾經"力拔山兮氣蓋世"的西楚霸王自感無顏再見江東父老，便在烏江邊揮劍橫頸，自刎而死。對於項羽的自刎身亡，不少後人為之惋惜不已，南宋李清照便說："生當作人傑，死亦為鬼雄。至今思項羽，不肯過江東。"

《田橫五百士》

布面油畫 徐悲鴻 縱197厘米 橫349厘米 徐悲鴻紀念館藏

畫面中，作者特選取了田橫與五百壯士依依惜別的場面加以描繪。在如此的鴻篇巨製中，作品主角即穿紅色衣袍的田橫昂首挺胸，表情嚴肅，正與壯士們拱手訣別，整個畫面洋溢着一種戲劇性的悲壯氣氛，撼人心魄。

■　徐悲鴻（1895—1953），現代畫家、美術教育家。江蘇宜興人。1917年留學日本，1919年留學法國，1923年入巴黎國立美術學校。1927年回國後，任教於南京中央大學藝術系。

田橫五百士

田橫為齊國貴族，陳勝起義後，跟隨從兄田儋舉事反秦。後田儋在與秦軍交戰時敗亡，田橫兄田榮立田儋之子田市為王，自任相國，田橫為將軍，平定了齊地。

項羽自稱西楚霸王後，大封諸侯，因田榮當初曾違背項梁的意向，沒有助楚軍攻秦，故而沒有得到王位。田榮一氣之下，遂聯絡趙將陳餘反楚，並自立為王。楚兵伐齊時，田榮兵敗身亡，田橫於是收集了餘部繼續抗擊楚軍。田橫平定齊國三年之後，漢王劉邦派酈食其去勸說田橫歸附。田橫認為酈食其說得很有道理，便解除了防守戰備。誰知正當田橫派出使者要與漢軍議和之際，韓信聽取蒯通的計謀，對齊地進行了突然襲擊，並迅速攻佔了臨淄。田橫認為被酈食其出賣，便在鍋裡煮死了酈食其。後田橫逃往梁地，歸附彭越。

漢王劉邦稱帝後，封彭越為梁王。田橫怕遭殺害，和手下五百餘人逃至海島之上。劉邦考慮田橫兄弟在齊地的影響，便派使臣前往海島，赦免了田橫的罪過，要其歸附大漢。田橫說：「我曾煮死了漢使臣酈食其，聽說他的弟弟酈商現為朝中大將，我很害怕，不敢進京，只求在這海島之中做個平民百姓。」漢使回來後，劉邦告誡酈商不要傷害田橫等人，又派使者前往海島說降田橫。

田橫無奈之中便和兩個賓客乘車前去洛陽。行至距洛陽三十里的尸鄉驛站，田橫對他的賓客說：「陛下此番召見我，不過是想看看我的面貌罷了。如果把我的頭顱割下，用快馬跑完這三十里的路程，面貌還不至於腐敗，仍可看得清楚。」說完割頸自刎。高祖劉邦為之歎息不已，用國王的禮儀厚葬了田橫。

安葬田橫之後，他的兩個賓客遂在田橫墓旁自殺身亡。海島上的五百餘人聽說田橫死訊，也全部殉節而死。

司馬遷於《史記》中說：「田橫之高節，賓客慕義而從橫死，豈非至賢！」因此他希望世上擅長繪畫的人能把田橫的事跡描繪出來。可見在國運衰微的二十世紀初葉，徐悲鴻正是受到司馬遷的感召而繪就此幅充滿憂患意識和英雄主義氣概的油畫的。

《漢殿論功圖》

軸 絹本 設色

〔明〕劉俊

縱165厘米 橫106.5厘米

（美）私人藏

此畫描繪的是高祖劉邦在朝堂上接受諸侯百官朝見的內容。畫面中劉邦顯得和藹可親，而朝見官員則手拿笏板表情嚴肅。人物衣紋勾描採用"鐵線"方式，間有頓挫，線條組織稠密精到。從樹石、花卉及器物的描繪手法來看，作品顯然偏於院體風格。整個畫面表現了一種富麗典雅的格調。

■ 劉俊，明代畫家，生卒年、籍貫均不詳。字廷偉。善畫山水，人物亦精工，有"能品"之稱。

漢殿論功圖

此作取材於"漢殿論功"的典故。公元前202年漢高祖劉邦初即帝位，功臣們在朝廷上飲酒作樂，爭論功勞的大小，有的喝醉了狂呼亂叫，甚至拔出劍來擊打庭中之柱。高祖為之深感苦惱。儒生叔孫通乃勸說高祖召集魯地諸生，規定朝儀，如此以顯示皇帝之尊。

劉邦起初對儒生並不尊重，認為天下哪裡用得着"腐儒"。在此次漢殿論功中，叔孫通對他說："儒生雖不能為您在戰場上進攻奪取，卻能幫您保守成果。我想徵召魯地的一些儒生，制定上朝禮儀。"劉邦說："我只怕像過去那樣繁瑣難行。"叔孫通說："禮就是按照當時的世事人情給人們制定出節制或修飾的法則，故而各朝禮節均不相同，我可以用古代禮節糅合秦朝的禮節制定新禮。"劉邦說："可以試試看，不過要讓它通曉易懂，考慮我能夠做得到的。"

叔孫通就與徵召來的魯地儒生和皇帝左右有學問的侍從，以及自己的弟子一百多人在郊外拉起繩子表示施禮的場所，立上茅草代表位次的尊卑，進行練習。一個多月後，劉邦前來視察，十分滿意，遂命令群臣都來學習。

漢高祖七年（前200），長樂宮建成，各諸侯王及朝臣都來朝拜皇上。所有官員各入其位：功臣、列侯、將軍按序排列在西邊，面東而立；文職官員則依次排列於東邊，面西而立。皇帝乘坐"龍輦"從宮室出來時，諸侯王以下至六百石以上的各級官員依次畢恭畢敬地向皇帝施禮道賀，個個無不驚懼肅敬。禮儀完畢，又擺設酒宴大禮。諸侯百官等坐在大殿上均屏氣斂聲，按尊卑次序站起來向皇帝敬酒。宴會結束後，監察官員執行禮儀法規，將那些不合規範的人帶走，從朝見到宴會全過程，無人敢大聲說話和行為失當。

大典過後，劉邦高興地說："我今天才知道當皇帝的尊貴啊！"於是授給叔孫通太常的官職，賞金五百斤。

《卻座圖》

軸 絹本 設色 〔北宋〕佚名
縱146.8厘米 橫77.3厘米

此圖顯示出了極高的藝術水準。宋代人物畫在唐代的基礎上高度發達，題材及其表現形式均趨於多樣化。總的來說，北宋至南宋前期，工筆、寫實佔主流地位；南宋後期則出現了技法風格上的革新，水墨寫意逐漸突出起來。本幅《卻座圖》當為前者中的代表作。作品中人物造型細緻入微，尤其是衣紋的線條細密遒潤，自然流暢，使之有飄舉之感。圖中共繪不同身份的人物九名。文帝似露為難之色，其右側的慎夫人正起身面向文帝，而竇皇后向來謹小慎微，面對此情此景自然低頭不語。袁盎則正於文帝面前躬身而立，義正辭嚴地直言尊卑之道。袁盎左側的人應為管轄上林苑的上林郎署長，他手中拿着一種當時的新式兵器，這種似錘非錘、似杖非杖的兵器名為"骨朵"，由契丹傳入。故而，本幅作品也是關於兵器"骨朵"珍貴的圖像資料。

 卻座圖

　　圖繪漢文帝時大臣袁盎奏請慎夫人退座的事件。

　　文帝是西漢時的聖明之君，他對袁盎等人直率尖銳的進言總能寬容接受。一日，漢文帝帶着竇皇后和慎夫人同遊上林苑。如同以前高祖劉邦寵愛戚夫人一樣，文帝對慎夫人平素也極為寵倖，以至於慎夫人已習慣和文帝、竇皇后平起平坐。此次文帝一行同遊上林苑，接待者早已預備了酒宴，款待文帝與后妃諸人。席間，文帝先坐在上面，竇皇后坐於一側，空出另一側位子，慎夫人正要坐下。誰知站在文帝身邊的袁盎，突然用手一揮，不准慎夫人去坐，並要將她引至席下，侍坐一旁。慎夫人自然非常生氣，站着不動，要和袁盎理論一番。文帝見狀，面露不滿之色，但又害怕慎夫人被袁盎引經據典，加以駁斥，當眾出醜，便起身離座要走。

　　袁盎上前進言道：「我聽說尊卑有序，上下方能和睦。今陛下已立的竇皇后乃六宮之主，不論後宮的哪一位都不應與她平起平坐。雖然您寵愛慎夫人，但寵愛是私，尊卑是公，就是陛下想要加恩於慎夫人，也只能賜以珍寶，至於尊卑秩序萬不能亂。您這樣寵愛她，名是愛她，實是害了她。難道陛下您忘了高祖皇帝當初袒護戚夫人，引起呂后的不滿，戚夫人被呂后變為『人彘』的事了嗎？」

　　「人彘」是指劉邦死後，其最寵愛的戚夫人被呂后砍掉手足，挖眼燒耳，丟進廁所裡的事。其殘忍手段是中國歷史上聞所未聞的。

　　文帝此時如夢方醒，遂採納了袁盎的意見。而慎夫人也明白了過來，賜給袁盎大量財物。

《伏生授經圖》

軸 絹本 設色 〔明〕崔子忠

縱184.4厘米 橫61.7厘米 上海博物館藏

■ 崔子忠，晚明畫家，生卒年不詳。初名
丹，字道母，號北海、青蚓，山東萊陽
人。崔子忠在明代畫名遠播，名氣很
大，卻不怎麼賣畫，以至於窮困潦倒，
生活都難以維持。他家的院子裡蒿草叢
生，蛛網結滿了窗子，他則毫不介意，
一幅安貧樂道的樣子。他的妻子和兩個
女兒也能畫，一家人就這樣過着平淡清
苦的生活。據載，有一天史可法路過崔
子忠家，見其柴米已斷絕，心生憐憫，
便把自己的馬送給了他。崔子忠一向敬
重史可法的為人，就收下馬。次日，他
牽着馬來到集市，賣了四十兩銀子，然
後叫來朋友們，一頓飯便把四十兩銀子
花光了，並對朋友們說，這酒錢是史先
生的，很乾淨，大家放心喝吧。

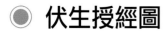

伏生授經圖

该圖繪有三個人物，遠處即為老態龍鍾的伏生；近處一人正伏案書寫，便是晁錯；中間為一名女子，當為伏生的女兒。崔子忠筆下的人物高古奇倔，而仕女則娟秀靜透。他善於將人物形象置於一個相對幽僻的自然環境中，所繪樹木坡石也都扶疏、磊珂，所以作品給人一種孤峭的感覺。

《漢書》記載，伏生為濟南人，原為秦朝的博士，西漢文帝時，文帝四處尋訪能講授《尚書》的人，從而發現了年且九十的伏生。伏生為西漢濟南郡鄒平縣人，先祖為魯人宓不齊，以孔子《尚書》學世代傳家。因此，伏生便成了漢代第一位經學大師。伏生授經是漢代畫像石、畫像磚作品中的常見題材。

文帝找到伏生時，他已年老體衰，走不動路了，文帝便派晁錯前往受學。秦始皇焚書坑儒時，伏生將家傳的《尚書》藏匿於牆壁之中，後因戰亂頻繁，也就顧不上這些古書了。漢高祖劉邦安定天下後，伏生才去尋找這本《尚書》，可惜已丟失了幾十篇，只剩下二十九篇。伏生於是就拿着這二十九篇遺書授學於齊、魯間。晁錯前往就學時，得到的《尚書》即伏生傳授的"今文尚書"。伏生因年紀大，話都說不清了，就讓他的女兒羲娥於一旁轉述，由晁錯記錄。故而有人說："漢無伏生則《尚書》不傳；傳而無伏生，亦不明其義。"不過伏生之女講的是濟南方言——齊語，而晁錯則為河南潁川人，仍有十之二三聽不懂，但大體意思還是掌握了。就這樣，晁錯終於將《尚書》記錄下來，這便是傳世的"今文尚書"。

據臺灣學者王正華的研究，在傳為唐代王維所繪的《伏生授經圖》中，並沒有女子的內容，而這個女子形象卻出現在明代杜董以及崔子忠所繪的《伏生授經圖》中，這正表明在明代女性的地位有所提高，人們開始認識到了女性在文化傳承中的重要作用。況且，這樣的構圖更與歷史的記載相吻合。值得注意的是，伏生同樣也是道教中的神仙人物，道教傳說中，伏生死後還留下了一部道教經書，所以很多道觀中也時常繪有伏生授經的圖像。

《荷樵晚歸》

軸 絹本 水墨
〔明〕 謝時臣
縱185.2厘米
橫94.8厘米
（日）靜嘉堂文庫藏

該圖又是一幅人物與山
水結合的作品。圖中雲
靄佔據了畫面三分之
一，房舍與人物皆掩蔽
於雲林、坡石之間。近
景木橋溪水，林中小路
伸展逶迤，通向幽僻之
境。作品洋溢着濃郁的
詩意。

此圖表現了西漢名臣朱買臣出仕前賣薪求學的窘迫生活。朱買臣，字翁子，西漢時會稽（今江蘇蘇州）人。漢武帝時，朱買臣因功官至主爵都尉，位列於九卿之中。

漢初，吳王劉濞發動"七國之亂"，使大批難民流離失所，朱買臣便是以難民的身份入贅浙江西部的建德崔家的。朱買臣家境貧寒，以伐薪砍柴勉強度日。每日上山打柴，他總不忘將書本掛在柴擔上，邊走邊讀，人稱"挑擔書生"。其妻因他讀書而耽誤營生，屢次加以勸阻，對此朱買臣照樣每天誦讀不誤。其妻見他不聽勸阻，決定離他而去，朱買臣道："我到五十歲時定當富貴，如今已四十多了，等我富貴之時一定回報你的恩德。"但其妻去意已決，執意向他索要休書，朱買臣只好讓她改嫁他人。

後來朱買臣經同鄉嚴助推薦入朝為官，因其善於解說《春秋》、《楚辭》，甚得漢武帝賞識，官拜中大夫。此時恰逢東越數次起兵謀反，漢武帝便任命朱買臣為會稽太守，讓其回鄉破敵。《漢書·朱買臣傳》記載，朱買臣任會稽太守之前曾遭短暫免職。在他等待漢武帝重新任命時，經常在會稽郡府邸借住吃飯。當朝廷授予他會稽太守時，他仍穿着免職時的衣服，懷揣繫着綬帶的官印，步行前往郡邸赴任。恰逢會稽郡的其他官員在一起飲酒，他們對朱買臣不屑一顧。朱買臣走進內房，守邸人便和他一道吃飯。飯飽之際，他故意露出那繫着官印的綬帶。守邸人覺得奇怪，便拿出綬帶，端詳着那方印章，沒想到竟是會稽太守的印章，大吃一驚。守邸人將此告訴給了正在喝酒的官員們，他們大嗤其胡說八道。守邸人只好說，那你們自己過來看吧。一位平常一直輕視朱買臣的官員看了官印，嚇得回頭就跑，疾呼："太突然了！"在座的人這才驚駭起來。

朱買臣榮歸故里之後，一次正遇上其前妻與後來所嫁的丈夫為太守的車馬鋪路。朱買臣遂命令手下用後面的車子將前妻與她的丈夫一起帶回郡邸。他仍顧念着前妻，並為其修建了房子，給予衣食等生活物資，而前妻則於羞愧中自縊而死。朱買臣後來雖官運亨通，卻最終因罪被武帝處死於鼎元二年（前115），年約六十餘歲。

《張騫出使西域》

唐代 壁畫 敦煌323窟

此幅壁畫反映了西漢張騫出使西域的歷史內容，共分為三個場面。圖右上角為漢武帝手執香爐與群臣向甘泉宮禮拜，殿堂門額有"甘泉宮"三字，殿內為兩金身人像；圖下方武帝騎在馬上，身後群臣持傘蓋相隨與張騫作別，而張騫則與護從隊伍持旌節辭行；圖左上角張騫一行人馬歷盡千辛萬苦已靠近大夏國，遠處城廓在望，城內寺塔林立，城外兩比丘似在迎接張騫。作品色彩鮮麗，人物和景物描繪富於裝飾意味。但人物神態和相互關係的表現卻十分真實而生動。

張騫出使西域

西漢武帝時代，中國古代文明達到了它的第一個昌盛時期，它迫切希望能通過西北內陸地區與其他的文明進行交流。不過，強盛的匈奴正控制着這一地區，為了聯合與匈奴有宿怨的大月氏和烏孫兩個民族共擊匈奴，漢武帝分別於公元前138年、公元前119年先後兩次派張騫出使西域。

第一次出行，張騫由匈奴人甘父作嚮導，率領一百多人的隊伍經甘肅隴西出發，不料中途為匈奴所俘，並被押送至匈奴王庭。為了軟化張騫，匈奴王為他娶了妻子，但張騫從來沒忘記自己的出使任務。十年後，張騫的兒女漸長，他也因待人寬厚，深受匈奴人敬重，遂對其放鬆戒備。張騫於是和貼身隨從於夜間盜馬而逃，繼續西行。他們取道車師國（今新疆吐魯番盆地），西至焉耆（今新疆焉耆一帶），又從焉耆沿塔里木河西行，經過龜茲（今新疆庫車東）、疏勒（今新疆喀什）等地，後又翻越冰雪覆蓋的蔥嶺（今帕米爾高原），到達了大宛國（今費爾干納盆地）。在大宛王的幫助下，張騫又先後到達了康居（今撒馬爾罕）、大月氏、大夏等地。此時的大月氏已在阿姆河上游安居樂業，不願再與匈奴作戰。張騫此行雖未達到預期目的，卻因此與西域各國建立了正式聯繫，並瞭解了大量關於西域政治、經濟、軍事、地理、風俗等方面的信息，對後來漢朝戰勝匈奴發揮了重大作用。

張騫在大夏等地考察了一年多，於元朔元年（前128）東歸回國。為避開匈奴，他們取道南路，翻越蔥嶺，沿昆侖山北麓而行，經莎車（今新疆莎車）、于闐（今新疆和田）、鄯善（今新疆若羌）等地，一路東行。但途中又被匈奴所俘，關押了一年多。元朔三年（前126），匈奴發生內亂，張騫帶着妻子、嚮導甘父等，趁機逃回漢朝。張騫用前後十三年的時間，足跡遍佈天山南北和中亞、西亞各地，從而激發了漢武帝拓邊的雄心。

公元前119年，漢武帝為了聯合烏孫（在今伊犁河流域），斷"匈奴右臂"，再次派張騫出使西域。此行張騫率三百人，攜帶馬六百匹、牛羊金帛無數，順利到達烏孫國。但烏孫此時已不想東返故地，故張騫此行目的又未達到。元鼎二年（前115），烏孫王派多名烏孫使者護送張騫回國，並送給武帝寶馬數十匹。此後，漢朝終於戰勝匈奴，保證了絲綢之路的暢通無阻。

《蘇李泣別圖》

軸 絹本 設色
〔明〕陳洪綬
縱127厘米 橫48.2厘米 （美）高居翰藏

該圖中蘇武、李陵的形象飽滿圓渾、古意盎然，線條綿韌細勁，用筆疏放磊落，佈局嚴謹而錯落有致，人物情態、神色各具風致，很好地表現了泣別的場景。從中可見陳洪綬極高的天資和強烈的個性色彩。

■ 陳洪綬（1598—1652），明代畫家。字章侯，號老蓮、悔遲，浙江諸暨人。很小的時候，陳洪綬就表現出過人的繪畫天賦，四歲時便在未來的岳父家中畫過差不多一丈高的關公像。他在當時畫名遠播，與崔子忠齊名，有“南陳北崔”之譽。其性格怪癖而好遊。清兵入浙東，陳洪綬出家於紹興雲門寺為僧，一年後還俗，長期在杭州賣畫為生。

蘇李泣別圖

此幅《蘇李泣別圖》取材於《漢書·蘇武傳》。

西漢武帝時，匈奴自被衛青、霍去病打敗以後，國境地區保持了幾年的平靜，不過雙方均多次互派使節，彼此暗中偵察。匈奴扣留了前後十餘批漢使，而漢廷也因之扣留了他們的來使。公元前100年，匈奴且鞮單于即位後，唯恐漢朝的襲擊，便說道："漢皇帝是我的長輩。"全部送還了漢廷使節。武帝遂派蘇武持節偕同張勝、常惠等一百多人護送扣留在漢的匈奴使節回國。誰知，單于傲慢無禮，非漢所望。

正當蘇武完成出使任務要回漢地時，又節外生枝。因蘇武副手張勝與一起叛亂有所牽連，單于遷怒於蘇武，並誘逼蘇武投降。蘇武說："我身為漢朝使節，若喪失氣節，玷辱使命，即使活着，還有什麼臉面回到漢廷！"說着拔劍橫頸。在大夫的搶救下蘇武才蘇醒過來，面對威脅利誘，他始終不為所動。

單于後將蘇武送至北海（今貝加爾湖）邊牧羊，聲稱等到公羊產下羊羔才放他歸漢。因匈奴不給糧食，蘇武只能挖掘鼠洞裡的草實充飢。他手持漢節達十九年之久，時間一長，連節杖上的毛穗都掉光了。

蘇武出使匈奴第二年，漢將李陵投降匈奴。因李陵與蘇武有舊交，單于便派遣李陵到北海勸降蘇武。蘇武從李陵口中得知，自己的大哥蘇嘉因扶着皇帝的車駕下殿階時，折斷了車轅，被定為大不敬的罪名，已伏劍自刎。弟弟孺卿在跟隨皇上出行時，騎馬的宦官與駙馬爭船，駙馬被推入水中溺死，皇上便詔令孺卿追捕兇手。他在抓不到兇手的情況下，畏罪服毒而死。而此時自己的母親也早已亡故，妻子則改嫁了他人，家中只有兩個妹妹、兩個女兒和一個男孩。

李陵說："人生如朝露，何必苦了自己！況且，皇上年紀大了，法令無常，你還打算為誰守節呢？"蘇武仍是不為所動。李陵無奈淚濕沾襟，告別蘇武而去。

漢昭帝即位後，匈奴與漢和親，蘇武這才於昭帝始元六年（前81）回到長安。蘇武十九年前出行時還是壯年，如今鬚髮盡白，而原先隨其出使匈奴的一百多人，也只有九人得以歸漢。

《昭君出塞圖》

卷 絹本 設色

〔金〕宮素然

縱30.2厘米 橫160.2厘米 （日）大阪市立美術館藏

圖中所繪為王昭君冒着塞外猛烈的風沙，北嫁匈奴的情形。此幅《昭君出塞圖》與另一幅金代畫家張瑀所繪《文姬歸漢圖》構圖極為相似，都是生動地描繪了寒風迎面、景色荒涼的塞外景色。本幅畫面的筆墨技巧、人物形象的刻劃都達到很高的藝術水準，為一件難得的傳世佳作。

■ 宮素然，金代畫家，生卒年不詳。鎮陽（今河北定縣）人。善畫人物、鞍馬。

昭君出塞圖

此幅作品取材於王昭君出塞和親的歷史故事。

西漢元帝時，王昭君被選入宮。時元帝後宮佳麗多不勝數，便派畫師為每人畫像，然後根據畫像決定召見人選。當時的畫師中，以毛延壽畫藝最為精妙。史載，他能栩栩如生地表現出人的老少美醜等形象特徵。而對於一心想得到皇帝寵倖的宮女而言，這些宮廷畫師從某種意義上說正左右着她們一生的命運，於是她們紛紛厚賂畫師。王昭君因為貌美出眾，沒有賄賂畫師毛延壽，毛延壽遂把她畫得很一般。

公元前33年，北匈奴單于呼韓邪再次來到中原朝見。因其在匈奴貴族內部爭鬥中被其哥哥郅支單于打敗，故主動要求對漢稱臣，並請求和親。漢元帝決定挑個宮女給他，於是傳話後宮："誰願意到匈奴去，皇上就把她當作公主看待。"宮女們聽說要去荒涼苦寒的大漠，均不樂意。此時王昭君挺身而出，自願擔當起和親重任，嫁給呼韓邪單于。

在呼韓邪單于的辭行大會上，元帝初見王昭君的絕代風華，意欲留下，卻為時已晚，於是一氣之下殺了畫師毛延壽。宮內畫師們嚇得紛紛逃離，抄其家資，皆有巨萬之多。

王昭君經歷一年多的長途跋涉，於次年初夏到達漠北，受到當地人民的盛大歡迎，被單于封為"寧胡閼氏"，生育有一男孩，名伊屠智牙師，後為右日逐王。漢成帝建始二年（前31），呼韓邪單于亡故。按照匈奴"父死，妻其後母"的風俗，王昭君後又嫁於呼韓邪單于的長子復株累單于，生有兩個女兒。公元前20年，復株累單于亡故，王昭君自此寡居。次年，三十三歲的王昭君孤寂地死於塞外大漠。

對於昭君出塞的壯舉，杜甫有詩云：
群山萬壑赴荊門，生長明妃尚有時。
一去紫臺連朔漠，獨留青塚向黃昏。
畫圖省識春風面，環佩空歸月夜魂。
千載琵琶作胡語，分明怨恨曲中論。

《朱雲折檻圖》

絹本 設色 〔南宋〕佚名
縱173.9厘米 橫101.8厘米 台北故宮博物院藏

宋靖康之變後，社會上被激起的愛國情緒和意識促使了這一時期產生了數量眾多的歷史故事畫。此幅《朱雲折檻圖》繪東漢成帝時朱雲彈劾帝師張禹，成帝一怒之下要誅殺朱雲，朱雲被拖下時，抱住石檻不放，大聲疾呼，竟將庭檻折斷的場面。

圖中，朱雲正抱欄檻不放，成帝側身坐在龍椅上，長鬚飄飄，眼露兇光，與朱雲目光針鋒相對。左將軍辛慶忌正躬身為朱雲求情，而帝師張禹則手捧笏板得意地站在成帝左側，歪頭發出佞笑。

畫面情節緊張而激烈，人物形象刻劃細緻入微，富有鮮明的個性，為這一時期歷史畫中的典範之作。

朱雲折檻圖

公元前33年，漢成帝劉驁登基即位，開始了他縱情聲色、昏庸誤國的帝王生活。在他的一生中，最讓人津津樂道的話題是寵愛歌妓出身、舞技絕妙的趙飛燕、趙合德姐妹，並分別立其為皇后、昭儀。沉湎於聲色的漢成帝最終駕崩在趙合德的床上，成為"牡丹花下死"的西漢末代君王。再者，成帝即位之初，就封生母王皇后為皇太后，導致王氏家族權傾朝野，以至於皇太后的侄子王莽在公元8年篡權奪位。在這樣的政治環境中，朱雲折檻的故事便顯得意義重大。

朱雲，字遊，魯人。年少時他輕財好作俠義之事，是漢成帝時一位性情耿直的大臣，以敢於直諫著稱於世。成帝時，安昌侯張禹晉升為帝師，地位顯赫。一次，朱雲上書求見成帝，當着諸位大臣的面，對成帝說："今朝中有一位大臣，上不能正主，下不能利民，佔着高位不做事，光拿俸祿不謀其政。孔子說，鄙夫不可與事君。如果不除掉此人，真不知道國家會發生什麼事。臣奏請陛下賜尚方寶劍，殺此奸臣，以激勵其他官員。"成帝問指誰，朱雲就說是丞相安昌侯張禹。

成帝大怒說："小臣居下毀謗上官，公然在朝廷辱罵帝師，罪死不赦。"御史奉命推朱雲下殿，欲斬之。朱雲死死抱住欄檻不放，欄檻被折斷。朱雲遂大聲疾呼："臣在九泉之下與龍逢、比干作伴足矣，臣死不足惜，只是不知道朝廷該怎麼辦？"

在場的左將軍辛慶忌，摘掉自己的官帽，解下官印和綬帶叩頭說："朱雲性情耿直，盡人皆知，假若他說得有道理，不能殺，說得不對，也該寬恕他，臣願以死相保，請求陛下免他一死。"成帝怒氣稍解，免了朱雲死罪。折斷的欄檻原樣修復，不換新的，以表彰其冒死直諫的精神。事後，朱雲雖免殺身之禍，但意見未被採納，張禹仍繼續佔據着帝師的位置。

《婕妤擋熊圖》

紙本 設色 〔清〕金廷標
縱149.4厘米 橫75.2厘米
北京故宮博物院藏

金廷標此畫充分發揮了宮廷畫師精工細作的繪畫技能，人物、背景均處理得一絲不苟，細緻入微，就連階梯上裝飾的花紋也清晰可辨，但即使如此，畫面仍不滯不澀，散發出清新疏朗的氣息，實乃清宮廷繪畫中的傑作。

■ 金廷標（?—1767），清代畫家。字士揆，烏程（今浙江吳興）人。善畫人物、山水和肖像，乾隆下江南時，他曾進獻白描羅漢冊，被召為“內廷供奉”。

婕妤擋熊圖

《婕妤擋熊圖》描繪西漢元帝時馮婕妤以身擋熊護駕的故事，為清朝宮廷畫家金廷標的代表作品，現為北京故宮博物館收藏。此前該畫為清宮收藏，一直懸掛在咸福宮的西壁之上，東壁則懸掛乾隆皇帝撰寫、由大臣汪由敦書寫的《馮婕妤擋熊讚》，可見此畫在清宮中的顯赫地位。

馮婕妤擋熊的故事出自《列女傳》。《列女傳》共記述了一百零五位歷史上有影響的婦女的故事，反映了儒家對女子的看法，其中的內容常被封建統治者用來教育後宮的眾多妃嬪。

馮婕妤為漢元帝十分寵愛的妃子。建昭元年（前38）的一天，漢元帝攜皇后、嬪妃遊覽上林苑。上林苑為西漢皇家的娛樂場所，裡面養了各式各樣的珍禽異獸。司馬相如便寫過一篇《上林賦》，以極為誇耀的口氣描繪了武帝時上林苑的壯觀以及天子狩獵的盛大場面，從而倍受武帝的青睞。此次元帝與眾人遊覽上林苑，同樣興致很高。餘興未盡之時，便開始觀看鬥獸表演。忽然有隻野熊掙脫籠子，竄到圍欄旁。眾人慌亂中不知所措，這隻熊趁機撞破欄檻，竟向漢元帝撲過來。眾嬪妃嚇得魂飛魄散，爭相逃跑，只有馮婕妤並不慌張，挺身向前護住了元帝。元帝不覺大驚，正要呼她逃避，上林苑的侍衛們趕來，眾人合力將熊制服。

事後，元帝問婕妤道："這隻熊撲來的時候，眾人都害怕得跑開了，你為何還敢挺身而出，以身擋熊？" 馮婕妤答道："我聽說熊攻擊人的時候，得人便止，心中只是害怕熊會攻擊陛下，故情願拼死擋熊，免得陛下受驚害怕，沒想到別的。保全了陛下，也就保全了天下。"漢元帝聽後，讚歎不已，遂對馮婕妤寵愛有加，而馮婕妤以身擋熊的故事也成了以後封建帝王教育嬪妃的重要材料。

由乾隆於畫右上題跋可知，他對馮婕妤以身擋熊的勇氣尤為讚賞，不過他同樣表示了對漢元帝這位漢家天子不及婦人勇敢的鄙夷。

《高士圖》

卷 絹本 設色 〔五代〕衛賢
縱135厘米 橫52.5厘米 北京故宮博物院藏

■ 衛賢，南唐畫院畫家，生卒年不
   詳。長安（今陝西西安）人，與周
   文矩、顧閎中等人齊名。《宣和畫
   譜》將衛賢劃歸"宮室"一類，
   說他擅長人物和界畫。界畫專指表
   現建築一類的繪畫，在《高士圖》
   中，其人物、建築的繪畫技巧可謂
   都得到了充分的展示。

高士圖

此幅《高士圖》描繪的是漢代隱士梁鴻與妻子孟光"相敬如賓，舉案齊眉"的故事。為表現梁鴻的隱士身份，作者把梁鴻夫婦二人設置於巨峰壁立、林壑幽深的山水間，猶如身處世外桃源。圖中高士梁鴻端坐於床榻之上，低頭閱卷，其前方妻子孟光正跪於榻下，舉托盤至眉，盤中放有數碟。孟光的目光在托盤之下，不與梁鴻直視。此二人戲劇化的瞬間神情被巧妙地描繪了出來。

梁鴻，字伯鸞，活動於東漢末年，雖是固守清貧卻才名遠播，故而為其提親者絡繹不絕。孟光也並非凡人，史載，她"壯肥醜而黑，力舉石臼"，直到三十歲還未出嫁。父母問她為何不想嫁人，她回答說，要嫁就嫁給像梁鴻這樣有操守的人。梁鴻聽到此話後，竟真的娶了孟光為妻。

誰知，孟光嫁過來以後，梁鴻一連七天沒有理睬她。孟光只得跪下請罪。梁鴻說："我希望娶過來的人能和我一起隱居深山，而你身穿華美的絲綢，傅粉施朱，豈能如我所願？"孟光於是換上早已準備好的隱居時穿的布衣，改變了髮型。梁鴻開心地說："這才真是我梁鴻的好妻子！"此後，孟光陪着梁鴻一直在灞陵山中過着男耕女織、讀書自娛的隱居生活。

一日，梁鴻路過京師洛陽，看到帝王豪華奢麗的宮室，不禁想到百姓的生活艱難，遂作《五噫歌》：

登彼北芒兮，噫！顧瞻帝京兮，噫！宮闕崔巍兮，噫！民之劬勞兮，噫！遼遼未央兮，噫！

漢章帝知道後，派人四處捉拿梁鴻。梁鴻聞訊便帶着孟光逃亡山東，後又一路南下來到吳地。在蘇州時，梁鴻住在皋伯通家的廊屋，靠為人舂米為生。梁鴻舂完米回家，孟光早已經給他準備好了飯菜。為表示對丈夫的尊敬，孟光每次總是將盛放飯菜的托盤舉至眉前，且從不敢抬頭直視丈夫。皋伯通見狀，感歎能讓妻子如此敬重的人絕非常人，於是以禮相待，換了大房子供其居住。與史書中不同，圖中皋伯通的家已被作者換成了溪水潺潺的山中景象，梁鴻也同樣不見了為人舂米時的落魄模樣，而是顯露出意出塵外的超然之態。無疑這些都是畫家為了表現當時人理想中的高士形象而作的重新構思，因而宋徽宗於畫面左上角將此作命名為《衛賢高士圖》。

《聘龐圖》

軸 絹本 設色 〔明〕倪端

縱163.8厘米 橫92.7厘米

北京故宮博物院藏

圖中的劉表將隨從和馬匹置於一旁，
只帶着一人去求見龐德公，態度十分
謙和。而龐德公剛從田隴走下，一手執
鋤，劉表則手捧聘書，躬身而立。作者
於畫面中着重刻劃了劉表誠摯謙恭的態
度，從而突出了統治者招隱訪賢的主
題。該作品與其説是讚揚了劉表這個歷
史人物，還不如説是彰顯了當朝君主的
德政，這是明代宮廷繪畫的共同點。

■ 倪端，明代畫家，生卒年不詳。
字仲正，杭州人；一作四川楚江
人。工畫道釋人物，筆致謹嚴，
得南宋院體精髓。因宣宗朱瞻基
對其尤為賞識，得以供奉內廷，
傳世作品僅有《聘龐圖》一幅。

 聘龐圖

圖繪三國時期荊州刺史劉表禮賢下士，聘請隱士龐德公出山的歷史故事。

龐德公是漢末著名隱士，名士龐統的叔公。史載他為襄陽人，一生以隱居為樂。他與妻子親自耕種，農閒時則以琴書自娛。他雖然從未做過官，在當時卻是名聲在外，為荊州地區六大豪族之一。龐德公與諸葛亮交情篤厚，慧眼識珠的他把諸葛亮稱為"臥龍"。諸葛亮之所以能在出仕之前就聲名鵲起，與龐德公有着直接的關係。而諸葛亮躬耕於南陽，"苟全性命於亂世，不求聞達於諸侯"的隱逸思想顯然也受其影響。

劉表作為荊州地區的行政長官，久聞其名，數次遣人請龐德公出山，均未獲應允，於是親自前往龐德公住處拜訪。史載，荊州刺史劉表並算不上是一位知人善任者，但他數請龐德公卻也反映了他求賢若渴的心情。

劉表問："先生您保全一身，哪比得上保全天下呢？"

龐德公則笑着表示他只想保全自己的棲息之所而已，保全天下並非其理想。

劉表接着說："先生您只知於田間受苦而不願做官，能給後代子孫留下點什麼呢？"

龐德公答道："世間人只知把做官的隱患留給子孫，唯有我把安居樂業留給子孫，只是所留下的東西有所不同而已，不能說我沒有留下什麼。"

劉表只得歎息而去。由此可知龐德公對功名富貴的獨到見地，以及遠離塵囂羈絆的灑脫。子曰："邦有道則仕，邦無道則隱。"在漢末動蕩不安的時局中，龐德公隱居自保也不失為明智之舉。

最終，龐德公與妻子登山採藥，一去不返。

《三顧一遇圖》

紙本 設色 〔清〕孫億 縱71厘米 橫127.7厘米 （日）京都國立博物館藏

圖中的諸葛亮正於廳堂內一邊手揮羽扇悠然地品玩畫作，一邊向劉備分析天下形勢。而劉備身後倚欄而立的二位當為關羽、張飛。圖中還繪有眾多僕役，活動於廳外與院內，眾人有說有笑，或牽馬，或捧物，而屋宇庭堂、樹木、山石、遠水的描繪與之相映成趣，給人以錯落豐富的視覺美感。

■ 孫億，清代畫家，生卒年不詳。字近薇，號竹虛，安徽歙縣人。乾隆二十五年進士，歷任刑、兵、工、戶各部侍郎。其作品呈現明顯的院體風格，多構圖宏大，人物與其他景物刻劃細緻入微。

三顧一遇圖

　　此圖取材於東漢末年劉備三顧茅廬邀請諸葛亮出山的歷史故事。

　　東漢末年，諸葛亮避亂於隆中（今湖北襄陽西），親自耕種為生，以詩書自娛，隱居了好長時間，常以管仲、樂毅等古代名賢自比，被當時的隱士龐德公稱為"臥龍"。後經劉備三顧茅廬，方才出山，助其成就宏圖大業。對於此事，諸葛亮在自己寫給後主劉禪的《出師表》中有着真切的記述：

　　臣本布衣，躬耕於南陽，苟全性命於亂世，不求聞達於諸侯。先帝不以臣卑鄙，猥自枉屈，三顧臣於草廬之中，咨臣以當世之事，由是感激，遂許先帝以驅馳。

　　他是說，我原本只是一名於南陽耕種為生的平民百姓，身處亂世之中，苟且偷生，並不想在諸侯中有什麼顯達的名聲。可是先帝（劉備）並不嫌棄我低下的身份，三次親自到我的草廬之中屈尊拜訪，問我以天下大事。感動之餘，我於是跟隨先帝南征北伐。

　　劉備第一次和關羽、張飛拜訪諸葛亮時，諸葛亮並不在家。劉備只好留下姓名，失意而返。第二次去拜訪時，見到諸葛亮的弟弟諸葛均。諸葛均告知劉備，諸葛亮又出遊去了。第三次拜訪時，諸葛亮恰巧在家。如《出師表》所言，諸葛亮感激劉備三顧茅廬的誠意，於家中熱情地接待了劉備，與他暢談天下形勢，建議先取荊州，再據西蜀，聯合孫吳，對抗曹操。劉備採納了諸葛亮的戰略思想，最終使自己與曹操、孫權的政權三分天下。

　　公元221年，劉備於成都稱帝，國號漢（史稱蜀或蜀漢），年號章武。次年，劉備不聽諸葛亮勸阻，為報東吳奪取荊州、殺死義弟關羽之仇，親自東征伐吳，誰料被東吳大將陸遜殺得大敗而歸，兵退白帝城之後，不久鬱悶而終。臨終前，劉備把兒子劉禪託付給丞相諸葛亮，要劉禪視丞相如父。由此不難理解，諸葛亮為何要鞠躬盡瘁、死而後已了。公元234年，諸葛亮心力交瘁，病逝於伐魏途中，年僅五十四歲，真可謂"出師未捷身先死，長使英雄淚滿襟"。

《長坂坡》

天津楊柳青年畫

圖中劉禪上方籠罩着紫色雲霧，暗指他乃真龍天子。其他主要人物也罩以團狀雲霧，這大大加強了畫面的戲劇性效果，又使整個畫面在構圖上不流於板滯，活潑生動。

長坂坡

此畫表現了劉備在後有曹操追兵的情況下，帶着甘、糜二位夫人以及趙雲、張飛等人退至當陽城外的緊張場面。

東漢建安十三年（208），對於三國鼎立局勢的形成有着重要意義。是年七月，曹操在消滅了北方各個割據勢力之後，揮師南下，企圖一舉消滅據有荊州的劉表和江東的孫權。此時的劉備還並未成為三國歷史舞臺上的主角。

八月間，劉表病逝，次子劉琮屯兵襄陽，劉備則屯兵樊城。九月，曹操兵至新野，劉琮不戰而降。屯兵樊城的劉備在危急關頭，帶領兵馬和不願降曹的荊州官民，向貯備有劉表大量糧草兵器的荊州重鎮江陵撤退，並命令關羽率領水軍經漢水至江陵與其會合。曹操聞訊，親率輕騎五千，日夜追趕。至當陽長坂坡，兩軍發生了遭遇戰。

慌忙之中，劉備倉猝應戰。很快，劉備兵敗，丟棄甘、糜二位夫人以及年僅一歲的兒子劉禪倉皇而逃。而此時擔任護衛劉備眷屬任務的趙雲在危難之時則單槍匹馬，與曹軍展開一場激戰。《三國演義》中說，趙雲單騎衝入曹操數十萬大軍之中，在懷抱劉禪的情況下，不但殺出重圍，還殺掉了曹軍五十多員大將，連曹操也看得目瞪口獃。這顯然是小說中的演義之辭。按照正史的說法，趙雲懷抱年幼的劉禪，保護甘夫人等人脫險倒是真的，糜夫人也並非是將劉禪託付於趙雲之後投井而死，而是與趙雲一起脫出重圍。總之，在長坂坡一戰中，趙雲聲威大震，並因此升為衙門將軍，而另一位猛將張飛在長坂坡一戰中也有不俗表現。

劉備雖是兵敗長坂坡，卻獲得了重生的喘息機會。曹操於長坂坡獲勝後，又迅速佔領江陵。劉備只好放棄兵退江陵的戰略部署。在與關羽水軍會合之後，劉備兵至夏口（今武漢漢口），圖謀聯合孫權，共擊曹操。此時的孫權也早已收到了曹操下的語氣強硬的勸降之書。

不久，在諸葛亮的斡旋下，孫權派周瑜率三萬精兵，沿江而上與劉軍會合。接着，孫劉聯軍溯江西進，與順流而下的曹軍相遇於赤壁。赤壁一戰，不悉水戰的曹軍損失大半，再無力南顧。劉備趁機佔據荊州，逐漸形成了魏、蜀、吳三分天下的鼎立局面。

《東吳招親》

天津楊柳青年畫

畫面中兩名宮女提着燈籠正送劉備步入洞房，而此時的孫尚香更顯得千嬌百媚。圖中可見孫尚香身前的三名宮女均腰間佩刀，這既顯示出作者的匠心獨具，又符合史書中孫尚香喜愛舞槍弄棒的相關記載。

東吳招親

　　此幅楊柳青年畫取材於《三國演義》中劉備東吳招親的內容，即小說第五十四回《吳國太佛寺看新郎，劉皇叔洞房續佳偶》。《三國演義》中的這一回寫得很精彩，說是周瑜為了奪回荊州，故意設下了要劉備來東吳招親的"美人計"。而吳國太一見劉備"方面大耳，猿臂過膝"，有天子之相，甚為喜悅，便真的將女兒孫尚香嫁予劉備，促成了一個郎才女貌的美滿姻緣。於是劉備帶着新婚妻子孫尚香，冒着箭矢，避着追兵，一起逃回荊州，上演了一齣"周郎妙計安天下，陪了夫人又折兵"的好戲。

　　事實並非如此，而劉備與孫權的妹妹孫尚香的婚姻更為一場悲劇。劉備娶孫尚香為妻發生於公元209年冬，也就是赤壁之戰的一年後。《三國志》載："權進妹固好。"意即孫權把妹妹孫尚香嫁給劉備，表示團結和好的誠意。當時孫權人在京口（今江蘇鎮江），為了與劉備結盟，共同抗擊曹操，便派人將妹妹送到荊州與劉備完婚。次年，劉備便以東吳女婿的身份來到京口，要求借荊州一用，以之作為北伐曹操的根據地。東吳群臣除魯肅外，均不贊成此事，周瑜的反對態度更是尤為堅決。後來周瑜病故，孫權才在魯肅的勸說下將荊州借給劉備。此時劉備與孫夫人已完婚約有一年的光景了。

　　據《吳書》記載，後來孫權用武力奪回荊州、殺了關羽後，劉備興師動眾地要為關羽報仇。孫夫人眼看着自己的親人間要刀兵相見，心急如焚，曾秘密送信給劉備，信上說："吾兄鑄成大錯，望夫君再三寬恕，勿以錯對錯而成千古之恨。"孫劉聯盟的破裂，使孫夫人悲痛至極。此時她早已於公元211年被孫權派人秘密接回東吳，而劉備也早已又娶了另外一位吳夫人，身在東吳的孫尚香只能時常站在京口北固山的凌雲亭（今祭江亭）中落寞地悵然西望。

　　公元222年，劉備親自領軍伐吳，不久便慘敗而歸，病逝於白帝城。消息傳來，孫權和百官們均沉浸於勝利的歡笑中，而孫尚香則從凌雲亭內，縱身跳入了滾滾東流的長江。事實上，她與劉備的婚姻僅僅維持了兩年之久。

《關羽擒將圖》
軸 絹本 設色
〔明〕商喜
縱200厘米
橫237厘米
北京故宮博物院藏

圖中所繪為龐德被擒場面。關公赤面鳳眼，長鬚飄胸，倚石坐於蒼松的濃蔭之下，雙手抱膝，氣宇軒昂。其左側的關平身着紅袍，右側的周倉手握關羽的青龍偃月刀。階下的赤身漢子，便為龐德，怒目圓睜，死不服輸。兩名裨將正一個按住龐德，一個敲打腳樁。關羽和龐德於圖中雖表現出不同的境遇，卻同樣不失英雄本色。畫面帶有明顯的壁畫特色，畫幅宏大，色彩鮮豔，可能為商喜所繪壁畫的樣稿。

■ 商喜，明宮廷畫家，與倪端齊名。生卒年不詳。字惟吉，河南濮陽人，一作會稽（今浙江紹興）人。宣德年間被召入畫院，並授錦衣衛指揮之職。他的作品以精工富麗見長，山水、花鳥、人物皆有宋人筆意。因他是位壁畫能手，所以作品中時見壁畫痕跡，形成了獨特的畫風。尤善歷史畫，傳世作品即為此圖。

關羽擒將圖

建安二十四年(219)，劉備在一批文臣武將的擁戴下，自立為漢中王。是年，劉備封關羽為"前將軍，假節鉞"。"假節鉞"是當時帝王給臣下的一種權力很大的待遇，"假節鉞"者能代行帝王旨意，掌握生殺大權。此時關羽正準備攻打襄陽，此種待遇無疑是為了讓他充分發揮戰時的統帥作用。

七月初，關羽率荊州軍北伐襄樊。襄樊是曹魏集團南境的戰略要地，如果失守，其政權中心許昌便會直接暴露於關羽的兵鋒之下。曹軍為保住襄樊，特派大將滿寵進入樊城，與守將曹仁合力嚴守。關羽先派軍增援襄陽前線，接着對樊城形成包圍之勢，樊城守將曹仁向曹操求援。曹操遂派于禁、寵德兩員大將率七支人馬前去增援，曹仁讓他們兩人屯兵於樊城北面的平地之上，和城中守軍互相呼應，對關羽軍形成雙面夾擊之勢，一時間關羽的攻城計劃難以實施。

于禁、寵德皆為名將，關羽與之幾次交鋒均難以分出勝負。不料時至八月，樊城一帶大雨滂沱，山洪爆發，漢水漫過河床，流向樊城北部的低窪處。于禁、寵德駐軍之處，平地水深數丈，一片汪洋，七軍皆為水淹，曹軍紛紛登至高處避水。關羽早抓住了于禁在平地紮營這個弱點，遂組織了一批大小船隻把于禁圍於一個土堆之上，逼其投降。

寵德雖被困於另一處高地上，但仍與關羽的水軍進行着激烈戰鬥。箭用光了，便赤膊上陣，以短刀肉搏，他對身邊的人說："良將不會為了怕死而逃命，烈士不會為了活命而失節，今天就是我陣亡的日子。"大水越漲越高，關羽水師的進攻也更加猛烈，曹軍士兵紛紛投降。寵德帶了幾名將士，搶了一隻小船想逃回樊城，不料一個浪頭把小船打翻，寵德還是落水被抓。關羽惜其忠勇可嘉，便好言好語勸他投降，寵德不為所動，罵道："魏王手裡有一百萬人馬，威震天下，劉備只不過是個庸碌之人，怎能和魏王相比，我寵德寧做國家的鬼，也不願做你們的將軍。"關羽一怒之下殺了寵德，事後又有點後悔，遂下令將其厚葬。

《文姬歸漢》

絹本 設色

〔南宋〕陳居中

縱147.4厘米

橫107.7厘米

台北故宮博物院藏

■ 陳居中，南宋寧宗時期的畫家，生卒年不詳。專工人物與鞍馬，以擅長北方民族生活題材著稱於世。

該圖取材於文姬歸漢的故事，生動地描繪了蔡文姬與丈夫、孩子告別後，隨漢使南返的歷史場景，具有強烈的感染力。圖中人物眾多，情態生動，但主次分明，畫面中的自然景物描繪也十分真實，境界開闊，是眾多《文姬歸漢圖》中的代表作品。此畫作於南宋寧宗時期，當時的南宋正處在與北方民族的矛盾尖銳期，此幅《文姬歸漢圖》借古喻今的用意不言自明。

文姬歸漢

蔡文姬為東漢末年名士蔡邕之女。蔡邕有曠世之才，妙解音律，同時兼擅書畫辭賦。因得罪權貴，蔡邕曾銀鐺入獄，後又亡命於江湖間達十二年之久。奸人董卓掌權時，慕名徵辟蔡邕入朝為官，蔡邕起初"稱疾不就"，董卓便以滅族威脅其就任，於是蔡邕官職頻遷。每於宴會之時，董卓便令蔡邕鼓琴、起舞，可謂榮寵有加。獻帝初平三年（192）四月，董卓被殺。蔡邕無意間為之傷歎，神色淒然，司徒王允遂以"懷董"之罪將其入獄，不久蔡邕死於獄中。

蔡邕死後，關中地區又發生了軍閥混戰，百姓四處流離，蔡文姬也隨着難民到處逃難。此時北方的匈奴兵趁機打劫，擄掠百姓。逃亡中的蔡文姬被匈奴兵掠走，並成為匈奴左賢王的夫人。她在匈奴一住就是十二年，育有二子，且學會了吹奏胡笳。

曹操為蔡邕摯友，感其無嗣，遂於建安十三年（208）以黃金、玉璧等重禮將蔡文姬贖回漢地。此時蔡文姬又飽受着與丈夫、親生骨肉的離別之痛，她於《悲憤詩》中如此描述道："兒前抱我頸，問母欲何之？人言母當去，豈復有還時？阿母常仁惻，今何更不慈？我尚未成人，奈何不顧恩！"

蔡文姬於悲憤中離開匈奴，回到鄴城，曹操見其孤苦伶仃，又把她嫁給屯田校尉董祀。婚後第二年，董祀犯罪當死，蔡文姬蓬頭赤足前往丞相府為丈夫求情。正逢曹操宴會賓客，在座的不少大臣名士都與蔡邕相識。他們看見為丈夫請罪的蔡文姬，不禁想起蔡邕，一時唏噓不已，心酸落淚。曹操念及昔日與蔡邕的舊情和蔡文姬的悲慘身世，於是寬宥了董祀。那時，正值數九寒天，曹操見蔡文姬衣衫單薄，就愛惜地送她頭巾、鞋襪，叫她穿戴起來。曹操問她："聽說夫人家有不少書籍文稿，現在還保存着嗎？"蔡文姬說："家父生前留給我四千多卷書，經此大亂，均已散失無存，不過我還能背出四百多卷。"

曹操於是說："我派十個人到夫人家，讓他們把你背出來的文章記下如何？"文姬則說："用不着，只要大王賞我紙筆，回家我就能把它寫下來。"後來，蔡文姬果真把她能記住的幾百篇文章全默寫了下來，交給曹操，從而使不少典籍得以保存至今。

曹操把蔡文姬從匈奴接回，於公於私都可算是做了一件好事。"文姬歸漢"遂一時傳為千古佳話。

《洛神賦圖》

卷 絹本 設色

〔東晉〕顧愷之

縱27.1厘米 橫572.8厘米

北京故宮博物院藏

曹植獨佔天下八斗之才的聲譽，至少一半是由《洛神賦》贏得的。而顧愷之的才名則多半來自以曹植《洛神賦》為題材所繪的《洛神賦圖》。如果說《洛神賦》是千古絕調的話，那麼本幅顧愷之的《洛神賦圖》則更給了它以第二次生命。此畫卷用筆細緻古樸，猶如流水行地，春蠶吐絲，顏色明快亮麗，富有濃郁的詩意。畫卷一開始以對馬匹在地上打滾嬉戲以及曹植悠閒漫步的場景描繪，把我們帶到了洛水邊。突然，洛水上一位女神翩然而至，"凌波微步，羅襪生塵"，曹植振臂示意侍從不要驚走女神。可是，剎那間女神還是乘着龍馬雲車飄然而去，"騰文魚以警乘"，"鳴玉鸞以偕逝"，只留下曹植於洛水邊愴然遠望，久久不願離去。此情此景令人回味悠長，難以釋懷。

■ 顧愷之，東晉畫家。生卒年不詳。字長康，小字虎頭，晉陵無錫人。博學多才，工詩賦、書法，尤擅繪畫，時有"才絕、畫絕、癡絕"之稱。

洛神賦圖

關於《洛神賦》所涉及的歷史內容，向來多有爭議，其中影響最大的是"感甄說"。

"甄"即甄后。據史料記載，甄后生於東漢靈帝光和五年(182)，她比曹丕大五歲，比曹植大十歲。她三歲喪父，原為漢末軍閥袁紹的兒媳婦。建安十年(205)曹操平冀州，曹丕最先見到甄氏的美貌後，遂以戰利品據為己有，並得到曹操的認可。曹植此時對甄氏也有愛慕之心，而甄氏同樣十分仰慕曹植的才名，所以曹植也曾想求之為妻，受到曹操的拒絕後，甚為不平。

甄氏初到曹家，深受寵愛，生魏明帝曹睿以及東鄉公主，只是後來為郭氏所謀才失寵於曹丕。郭氏很有手腕，常替曹丕出主意。在曹丕與曹植爭奪太子之位的鬥爭中，曹丕便時常依靠郭氏的計謀。曹丕即帝位後，自然十分寵愛郭氏，從而冷淡了甄后。甄后失意之中因有怨言，於黃初二年(221)六月被曹丕"遣使賜死"。次年九月，郭氏被封為皇后。甄后死時年僅四十歲，殯葬時被曹丕"被髮覆面，以糠塞口"，慘不忍睹。

黃初三年，曹植再次受到誣陷，被旨令赴京師辯誣。在宮中，曹丕將甄氏的一件遺物玉鏤金帶枕賜予曹植。觀此舊物，曹植百感交急。從洛陽回自己封地東阿、途徑洛水之際，曹植人困馬乏，休息時有人告訴他洛水的水神是宓妃，曹植遂想起宋玉《高唐賦》中描繪的楚懷王與巫山神女間的那段奇遇，便假託對洛神的嚮往之情抒發了對甄氏的思念。曹植對年長自己十歲的嫂嫂的愛慕之情長期鬱積於心，如今甄氏慘死，自己又屢遭猜忌，如此複雜感受的交織，遂於此時此地盡情地揮灑於才情激蕩的《洛神賦》中。賦中，賢淑美貌的甄后化為了"柔情綽態"，"翩若驚鴻，婉若游龍"的洛神向自己飄然飛來，無奈"恨人神之道殊兮，怨盛年之莫當"，字裡行間流淌着身不由己、好夢難圓的無限惆悵。

《竹林七賢和榮啟期》

墓室青磚摹印

縱88厘米 橫488厘米

南京博物院藏

此作品一發現便引起了研究者的廣泛關注。因為在此之前有關六朝繪畫的實物資料大為缺乏，人們的研究資料只有《洛神賦圖》、《女史箴圖》等少量後世摹本，而此圖無疑給我們研究六朝繪畫打開了一扇窗子。此磚畫中雍容舒展的線條，很容易使我們聯想到顧愷之作品中所展示出來的春蠶吐絲、流水行地的時代風格。人物神態刻劃更令人回味無窮。嵇康雙目微合，正陶醉於自己的琴聲中。阮籍則正將手指放入口中，作長嘯狀。"嘯"即今天所說的吹口哨，在當時這是曠達不群的舉動，深受名士喜愛。劉伶翹起小指，正用指甲挑去酒杯中漂浮的殘渣，醉態迷離。向秀則袒露胸肩。魏晉名士常吃"五石散"等仙藥，服藥後皮肉發燒，故要時常脫衣，而且衣服要寬大一些，以防皮膚擦傷。因此，向秀這副模樣，當與吃藥有關。

竹林七賢和榮啟期

此幅墓室壁畫出土於南京善橋一座南朝墓的南北兩壁。作品南壁依次刻繪的是嵇康、阮籍、山濤、王戎；北壁則依次為向秀、劉伶、阮咸和榮啟期。前七位魏晉名士合稱為"竹林七賢"，他們七人"相與友善，遊於竹林"，因而得名。而榮啟期則為春秋時的隱士，孔子遊泰山時曾遇見年過九十，身披鹿裘，鼓琴而歌的榮啟期。孔子問他為何如此快樂，他說："貧者士之常，死者人之終，居常以待終，何不樂也？"此言把人生看得淡若清風，輕靈至極。魏晉時，榮啟期受到世人們的無限崇拜，時常把他與竹林七賢相提並論，此幅磚畫也是如此。

竹林七賢均為魏晉時期的人物，其中嵇康、阮籍亡於曹魏政權結束之前，其他五人都進入了西晉。《晉書·阮籍傳》云："魏晉之際，天下多故，名士少有全者。"是故，此幅磚畫中的七賢雖是表現出逍遙自在、隨心所欲的放達之態，卻始終擺脫不了現實生活的羈絆，或是說他們正是以表面的放達來排解心中的苦悶和不安。於是，他們縱酒服藥，行為怪誕。

嵇康是竹林七賢中的核心人物，他風流瀟灑，才藝超絕，喜歡撫琴吟詩，還有打鐵。作為司馬氏集團堅決的反對者，他主張"越名教而任自然"，終因得罪司馬家族而被殺。嵇康是彈奏着《廣陵散》奔赴刑場的，曲終之際，嘆惜曰："廣陵散於今絕矣！"可見其臨危不懼的背後正蟄伏着對生命的無限懷思。

阮籍愛以白眼示人，當司馬昭替兒子向阮籍之女求婚時，阮籍左右為難之際只好大醉不醒。他時常於孤寂中驅車任意東西地奔跑，直至窮途時大哭而返。劉伶雖長得矮小醜陋，卻像泥土一樣質樸可愛，同樣以酒為名。他曾於屋內脫衣縱酒，客人譏笑他時則答："我以天地為屋，以屋室為短褲，你怎麼鑽入我的褲襠裡來了？"七賢中的山濤、向秀、王戎、阮咸後來雖是都做了官，但始終保持着自己相對獨立的人格。他們那種超凡脫塵的舉止一直是魏晉時期人們的崇尚目標。

魏晉名士的放達行為對後人影響極大，其中雖不乏東施效顰者，卻也由此可見魏晉風度確已深入人心。

《四美真圖》

木版年畫

縱57.5厘米 橫32.5厘米

（俄）聖彼得堡艾爾米塔什博物館藏

圖繪四位不同時代的美女，於欄檻前漫步，身姿綽約，顧盼生輝，充滿"凌波微步"般的動感。圖上方印有宋體字的橫批："隨朝窈窕呈傾國之芳容"，四邊環繞迴紋花邊，上端有雙鳳花邊的裝飾圖案，下端為富有變化的花草紋圖案。由人物上部的名字可知，此四位絕代佳人的形象分別為：綠珠、王昭君、趙飛燕、班姬。這與我們耳熟能詳的西施、王昭君、貂嬋、楊貴妃等四位沉魚落雁、閉月羞花的美女存在明顯不同。

四美真圖

綠珠為西晉時石崇的寵妾。據說，當初石崇為了得到她，不惜付出十斛明珠的代價。不過後來綠珠的美貌驚動了趙王司馬倫的部下孫秀，孫秀便向石崇索取綠珠。石崇沒有答應，孫秀惱羞成怒，遂治了石崇的罪，致使石崇全家母兄妻子十五人同時被害。《資治通鑑》記載，石崇被捉之時，恰好在樓上與綠珠在一起飲酒作樂。他對綠珠說："我之所以得罪當權者，正是為了你。"綠珠哭着說："我現在就以死來報答你。"說完跳樓而死。

王昭君為漢元帝時的宮女，因沒有賄賂畫師毛延壽而一直深居冷宮，後嫁給匈奴呼韓邪單于，使匈奴和漢朝和睦相處了六十多年。不過她最終客死異地他鄉，故而杜甫詩云："一去紫臺連朔漠，獨留青塚向黃昏。"

趙飛燕出身平賤，原為京城歌妓。鴻嘉元年（前20），趙飛燕入宮，成了漢成帝的新寵，四年後的永始元年（前16），趙飛燕被立為皇后，其妹妹趙合德也被封為婕妤。漢成帝一死，趙合德因涉嫌殺害皇子被殺，而趙飛燕則在被貶為庶人後，自殺而亡。

班姬也為漢成帝的妃子，因成帝寵愛趙飛燕姐妹而失寵，自願移居長信宮，侍奉太后，終日吟詩作賦，自傷自悼。她的文學造詣極高，尤其熟悉史事，常常能引經據典。當初她受寵之時，成帝為了能與她形影不離，特命人製作了一輛較大的輦車，以便同車出遊。班姬拒絕道："自古畫上的聖賢之君，都有名臣在側。而夏、商、周三代亡國之君夏桀、商紂、周幽王的身邊才有寵倖的妃子相伴，我若和你一起出去，豈不和她們很相似嗎？"成帝認為言之有理，王太后對其更是讚不絕口。

此幅木版年畫乃金代所印，是至今我們所能見到的中國最早的木版年畫。北宋開封陷落後，北方的平陽遂成為金的政治文化中心，那時金國最著名的刻印作坊——姬家、徐家作坊也都在平陽，不僅印書，還能印製精美的年畫，此幅《四美真圖》便為"平陽姬家雕印"，具有珍貴的史料價值。

《鎖諫圖》

卷 絹本 設色

〔唐〕閻立本（傳）

縱36.9厘米 橫207厘米 （美）弗利爾美術館藏

此畫傳為唐閻立本所繪。畫面中人物腦後的襆頭、衛士的佩戴確實也均為唐代的服飾，可見即使其為摹本，母本也應出自唐人之手，仍不失為傳世之精品。該圖十分注重情節、場景的表現，人物聚散不一，但主體突出。

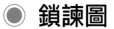

鎖諫圖

《鎖諫圖》描寫了十六國時漢國廷尉陳元達冒死進諫國君劉聰的歷史故事。

劉聰是十六國時匈奴漢國開創者劉淵的第四子，自幼聰穎好學，漢化程度極高，文武俱佳。公元310年，匈奴漢國國君劉淵死後由太子劉和即位，劉聰遂殺劉和自立，改元光興。他在政治、軍事上的建樹使其統治期間匈奴漢國的勢力最為強盛。然而劉聰同時又極為殘暴荒淫。他的呼延皇后一死，他便立即將朝中不少高官的女兒召入後宮，一口氣封了兩位昭儀、三位夫人、一位貴妃，人人都賜有原本只有皇后才能佩帶的金印紫綬。

劉聰聽說近親劉殷的兩個女兒才貌俱佳，又欲納之，不過卻遭到了皇室內部的反對，其弟劉乂認為"同姓不可通婚"，但最終劉聰還是我行我素地納劉殷兩個女兒劉英、劉娥為左右貴嬪。聽說劉殷四個孫女也貌美如花，又把其四個孫女也封為貴人。從此劉聰與六位劉妃沉湎於後宮之中，極少過問政事，凡事往往由宦官處理，但脾氣則日漸暴虐起來。由於專為兩位妃子修建的宮殿沒有完工，他便殺死了監工大臣；到汾河觀魚，徹夜不歸，大將軍王彰進諫，他一怒之下也差點殺了王彰。

在劉聰的張皇后死後，劉聰很快立貴嬪劉娥為皇后，並欲為其在後宮修一座鳳儀樓，而至此他早已大興土木，修建了宮殿樓閣四十多處。一向深受劉聰信任的廷尉陳元達此時追蹤劉聰至逍遙園內的李中堂進諫，指出目前國家的實力並不強，豈能在後宮問題上如此奢侈？劉淵大怒，欲殺陳元達全家。陳元達用預先準備的鐵鏈把自己鎖在一棵大樹上，慷慨陳辭。此時一旁的大臣伏地勸說劉聰寬恕，劉聰默不作聲。喧鬧聲驚動了正在後堂的劉皇后，她立刻手寫一疏，密令手下人交給劉聰。劉聰接過皇后的手疏，臉色立變，說道："元達是忠臣，我自感慚愧！在外我有你這樣的人輔佐，在內我有皇后這樣的人輔佐，朕復何憂！"轉而又笑着對陳元達說："本應是你害怕朕，為何現在反倒是朕害怕你呢？"劉聰遂將逍遙園改為納賢堂，李中堂改為愧賢堂。

《王敦篡位》

天津楊柳青年畫

該圖在造型上似吸取了傳統壁畫的審美因素，而在人物姿態描繪上可能受到了民間戲曲表演形式的影響。此外屋室和景物表現，近大遠小，透視感很強，似又帶有當時已然傳入的西畫的痕跡。

王敦篡位

是作取材於東晉時大將軍王敦叛亂的歷史內容。

王敦為東晉書法家王羲之的伯父,也是東晉丞相王導的從兄。早在西晉時山東瑯琊的王家就開始興起,其中王敦便娶了晉武帝司馬炎之女襄城公主為妻。王敦、王導性格差異很大,王敦比較豪爽率直,王導則寬厚溫和。

晉元帝司馬睿在建康(今江蘇南京)即位建立東晉時,南方的江東大族起初並不把他放在眼裡,大權主要掌握在王敦和王導之手。為了取得江東大族對司馬睿的支持,王敦、王導安排司馬睿三月三日這一天到水濱觀禊。古時民俗,每逢三月三日人們總要到水濱洗浴嬉戲,說是可以洗去身心宿垢,給自己帶來好運,稱為祓禊。王羲之於晉穆帝永和九年(353)舉行的蘭亭修禊是為典型。而這一年的三月三日,司馬睿坐着轎子,也去水濱觀禊。王敦、王導兄弟二人和其他名流則騎馬恭從。顧榮等江東大族的代表人物見王敦、王導如此恭謹地跟隨着司馬睿,大為吃驚,遂紛紛拜於道旁。這樣在王敦、王導的擁護下,司馬睿很快就得到了江東大族的支持。此時,王敦在外掌握兵權,王導則在內執政。當時社會上流行一種說法:"王與馬共天下。"

元帝司馬睿起初對王敦、王導兄弟二人信任有加,地位穩固之後,便感到王氏兄弟正威脅着自己的統治。於是他逐漸疏遠了王敦、王導,開始親信刁協、劉隗等人。王導對此一再容忍,而王敦則難以忍受,便於東晉永昌元年(322)正月,自武昌(今湖北鄂州)舉兵東下,攻入建康,在殺了刁協等人後,又退兵武昌,不過他並未殺害晉元帝。晉明帝太寧二年(324),王敦再次出兵進犯建康,但最終病死於途中。

王敦起兵失敗後,王氏家族仍於東晉保持着興旺局面。其從弟王導歷事元帝、明帝、成帝三朝,前後執政達幾十年之久,而其侄兒王羲之更是以自己卓越的藝術才華成為世人津津樂道的話題。

《蘭亭修禊圖》

卷 紙本 設色 〔明〕文徵明

縱24.2厘米 橫102.2厘米 北京故宮博物院藏

該圖筆調細膩，章法謹嚴，亭榭、竹林樹木和山石泉水的描繪自然合宜，人物點綴其間，意趣深雋。

■ 文徵明（1470—1559），明代畫家。名壁，號衡山居士，長洲（今江蘇吳縣）人。與祝允明、唐寅、徐禎卿相結交，人稱"吳中四才子"。其學生甚多，形成吳門畫派，與沈周、唐寅、仇英合稱"明四家"。

蘭亭修禊圖

在古代，每逢陰曆三月上旬，人們都要來到水邊舉行消災避難的祭祀活動，並逐漸形成了在此時節到水邊聚會遊戲玩耍的風俗，名為"修禊"。此幅《蘭亭修禊圖》描繪了東晉永和九年(353)農曆三月三日，王羲之與好友謝安、孫綽等四十一人雅集於浙江山陰的蘭亭(在今紹興境內)，舉行修禊活動的歷史故事。為記述此次盛會，王羲之書寫了千古傳頌的《蘭亭序》，被譽為"天下第一行書"。

王羲之時任會稽(今浙江紹興)內史，掌轄會稽時務。作為此次雅集的組織者，王羲之當時為"國萃"式的人物，有着強大的號召力。當時人品評王羲之的人品及其書法："飄若浮雲，矯若驚龍。"他十分愛鵝，尤喜聽其高亢激越的鳴叫，於是便有了王右軍寫經換鵝的故事，流傳後世。

而另一個人物謝安可謂與王羲之齊名。據載，大司馬桓溫病了，謝安前去看他。桓溫遠遠看見謝安進來，不禁感歎道："我的門裡好久看不到像謝安這樣品高才卓的人了。" 王羲之的兒子王獻之曾對他說："您確實很瀟灑。"謝安則說："我的瀟灑並不是裝出來的，你的評價最為得當，我真是適意舒暢極了。"在崇尚名士的晉代，這樣一些風雅之士卓爾不群、不同於流俗的言行，風流通脫的人格魅力，一直是世人標榜的焦點，況且這又是一個群賢畢至的四十二人大聚會。

按《蘭亭序》的記載，東晉永和九年三月三日這一天，"天朗氣清，惠風和暢"，眾人雅集於"崇山峻嶺，茂林修竹"間的水邊，心情尤為舒暢。在清澈的溪水邊，他們或飲酒賦詩，或仰天長嘯，或遊戲玩耍。畫面中描繪的在溪邊玩的遊戲，便是"曲水流觴"。"曲水流觴"是修禊時必不可少的遊戲項目。"觴"是古代一種盛酒器，通常為木製或陶製品。每年農曆三月三日，人們坐在溪水邊，利用水流上下游間的落差，於上游放置酒觴，任其順着溪水向下流，流到誰的面前，誰便取來飲之，彼此間舉觴相慶為樂。

《陶淵明故事圖》

卷 絹本 設色 〔明〕陳洪綬
全圖縱30.3厘米 橫30.8厘米
（美）火奴魯魯藝術學院藏

作者採用了連環畫式的構圖方式，線條勁健流暢，又不失古拙質樸，人物造型飽滿、高古，充分展示了
陳洪綬鮮明的個性色彩。

陶淵明故事圖

此圖取材於南朝梁蕭統的《陶淵明傳》，全畫卷共為十一段，分別為： 採菊、寄力、種秫、歸去、無酒、解印、貰酒、讚扇、卻饋、行乞、灌酒。陶淵明（365—427），字元亮，別號五柳先生，晚年更名潛，為東晉名士。其曾祖父陶侃是東晉的開國元勳，不過至陶淵明時已家道中落，父親的早死，更使他少年時代就處於生活貧困之中，但他卻能不事權貴，安貧樂道。

作為風雅之士，陶淵明像其他魏晉名士一樣，嗜酒如命，且愛品菊吟詩，以此表達自己孤高自傲的內心世界。他的一生基本上都是在獨自耕種的貧困中度過，他的《歸園田居》便真切地描繪了自己的農耕體驗：

種豆南山下，草盛豆苗稀。

晨興理荒穢，帶月荷鋤歸。

道狹草木長，夕露沾我衣。

衣沾不足惜，但使願無違。

陶淵明雖是辛勤勞作，卻很難自給自足，以至於有時竟到了要向鄉親們乞討的地步。不過這位"採菊東籬下，悠然見南山"的名士乞討時，叩開了門卻不知如何開口，好在鄉親們知道他的來意，往往熱情地招待他，免不了還讓其開懷暢飲一番。此時，陶淵明激動得只能賦詩相送，並發出"感子漂母惠，愧我非韓才"的感歎。

陶淵明雖是如此窮困不堪，卻很少想到出仕為官，用他自己的話說是"少無適俗韻，性本愛丘山"。不過，陶淵明因為難以照顧年老的母親，最終還是出來當了州裡的祭酒。但他忍受不了繁雜的公務應酬，不多久就自動辭職回家。州裡又讓他去做主簿，他避而不就。後來他又出任鎮軍將軍和建威將軍的參軍，臨行前他對親友解釋說："我只是想暫時做做地方官，好積攢點錢，留着日後隱居時用。"掌權的人知道他有這樣的心願，就讓其做了彭澤令。

陶淵明平素對貴人一直很傲慢，更不會去奉迎巴結上司。一次，郡裡的相關官員要陶淵明收拾整齊去拜見上面來的督郵，陶淵明遂歎息說："我不能為了掙五斗米這點俸祿，就彎腰屈膝，小心翼翼地去侍奉一個鄉巴佬。"

不久，陶淵明丟下縣令大印，離開衙門，唱着《歸去來兮辭》歸隱鄉間了。

《葛稚川移居圖》

軸 設色 紙本

〔元〕王蒙

縱139厘米 橫58厘米 北京故宮博物院藏

元代道教十分興盛,表現道教題材的繪畫自然也多了
起來。圖中的葛洪身着道袍,手執羽扇,神態安詳。
身後老妻騎牛抱子,一僕牽牛,行於綿延逶迤的深山
小道上。是圖承襲了作者的一貫風格,對景物的佈局
描繪極為細膩精緻,山石均以細筆勾勒,並略帶小斧
劈皴以表現出山石的質感,繁密的筆法營造出了豐富
的層次,而高低錯落的樹木也不厭其煩地雙鉤填色。
畫面中人物雖小,同樣精工細緻,形神兼備。該圖用
色也十分考究,色彩明快而無俗艷之感,極具沉實渾
厚的韻致。在王蒙的傳世作品中,是作可謂很有代表
性。

■ 王蒙(1308—1385),字叔明,號香光居
　 士,湖州(今浙江吳興)人。元代大畫家趙
　 孟頫的外孫,家學淵源深厚,以山水見稱於
　 世。

葛稚川移居圖

此圖描繪了東晉道教中的代表人物葛洪攜家人移居羅浮山修煉的故事。葛洪，字稚川，號抱樸子，句容(今江蘇句容)人，出生於篤信道教的貴族家庭，叔祖便是有名的"太極左仙公"葛玄。晚年他隱居於廣東羅浮山中，煉丹、採藥，直至去世。

葛洪出生士族，世代為官，但十三歲時，因父親去世，已家道中落，常常白天上山砍柴，晚上勤奮苦讀。十六歲時，葛洪已是當地有名的儒生，不過他還是抵擋不住道教神仙導養之法的誘惑。他雖有過短期的仕途經歷，卻從不趨炎附勢，且總是一身破舊衣服。葛洪辭官後，準備尋訪道教的相關經典，但司馬家族內部發生的八王之亂使他飽經顛沛流離之苦。

西晉光熙元年(306)，葛洪到廣州投奔擔任刺史的好友嵇含。無奈他到廣州時，嵇含已遭人暗殺。在孤助無援的情況下，他聽說南海太守鮑靚也為道門中人，於是前去拜訪。不料二人一見如故，成為忘年之交。鮑靚見葛洪雖相貌醜陋，卻對道教深有研究，便將女兒嫁給了他。婚後，夫妻二人開始了四處周遊、修道煉丹的生活。他們往往一邊修煉，一邊為百姓治病，百姓把葛洪稱為"葛仙翁"。

晚年，葛洪聽說交趾(今越南北方)出產煉丹用的丹砂，便率家人南下。到廣州時，因受刺史鄧岳的盛情挽留，便於羅浮山修道煉丹，這就是本幅圖中描繪的內容。在羅浮山，葛洪對自己以往的煉丹和醫學活動進行了總結，整理出大量關於化學、醫學、藥物學、養生學等方面的資料，撰寫了《抱樸子》七十卷以及《金匱藥方》一百卷、《肘後要急方》四卷、《神仙卷》十卷、《隱逸傳》十卷。

東晉哀帝興寧元年(363)，刺史鄧岳接到葛洪來信，說其要準備遠行。鄧岳趕到羅浮山與他告別時，葛洪已經仙逝，面色紅潤，如同熟睡一般。

《宣文君授經圖》

〔明〕陳洪綬

此幅作品中，宣文君正為學生們隔幃授業，教授《周禮》。老邁的宣文君坐於幃前，神情嚴肅，侍女則分列兩旁。階下左右席地而坐的便是受經弟子，在恭謹地聆聽宣文君的教授內容。背景古木扶疏，香煙繚繞，更是渲染了授經時的莊重氣氛。

本幅作品繪於明崇禎十一年(1638)八月二日，乃陳洪綬為其姑母六十八歲大壽而作，是陳洪綬中青年時期人物畫的代表作。畫面內容取材於十六國時期前秦國君苻堅請年邁的宣文君教授《周禮》的歷史故事。

前秦時的宣文君為中國歷史上第一位女博士。博士之稱始於戰國時期，秦朝最早設博士官，掌通古今，以後歷史上的封建王朝都在學府中設立博士，作為教授官。

宣文君姓宋，生於一個儒學世家，幼年喪母，由其父撫養成人。其父將《周禮》的音義傳授於她，並囑咐道："吾今無男可傳，汝可受之，勿令絕世。"在北方各少數民族政權混戰的十六國時期，宣文君於顛沛離亂中始終牢記父親的教誨，揹負父親所教之書，不斷溫習。其子韋逞年幼時，她白天打柴養家，晚上教兒子讀書，韋逞長大後做了前秦的太常。

前秦皇帝苻堅自小就表現出對漢家文化的濃厚興趣，即位後更是廣設學宮，大力提倡儒學，詔令公卿以下的子弟均必須入學。每月他都要親臨太學，考察學生們的學習狀況，以此分成不同的等級。同時他還規定輪班值勤的中央禁衛軍也需修學，並嚴懲不學無術的官吏，凡百石以上的官吏，學不通一經、才不成一藝者，統統削職為民。一時間前秦人心思勉，人才濟濟。

一日，苻堅視察太學時發現沒有開設《周禮》這門教授禮樂的課程，不禁為之深感遺憾。此時，博士盧壼對苻堅說："經過喪亂，各門課程均已大體恢復，唯獨禮樂這門課因為找不到懂《周禮》的教授，所以沒有開設。我發現太常韋逞的母親，傳其父業，精通《周禮》的音義。雖是年過八十歲了，但耳不聾，眼不花，她應該可以教授後生。"

苻堅遂請韋逞的母親在家裡開設講堂，並選一百二十名學生跟她學習，賜號宣文君，因而宣文君便成了前秦太學教授《周禮》的博士。

《東山報捷圖》

軸 紙本 設色

〔清〕蘇六朋

縱238厘米 橫117厘米 廣州美術館藏

該圖為高遠構圖，雖然山道蜿蜒而上，但整個山形勢態有一種由上而下的覆蓋傾向。而畫面左下部巨大的石岩和四周的松木又形成了堅實的底基，與覆蓋傾向相抵相托，這樣兩種視覺因素正好襯托出倚坐在岩石上的人物形象，使之更加醒目突出。

■ 蘇六朋，生卒年不詳，活動於清嘉慶、咸豐年間。字枕琴，廣州順德人，以人物畫見長。其作品尤善於以草書入畫，線條流暢自然，筆墨老辣、雄放。

東山報捷圖

本幅《東山報捷圖》取材於東晉太元八年（383）淝水之戰的歷史故事，意在表現謝安沉着鎮定、風度優雅的名士風範。

咸安元年（371），對東晉朝廷來說，是尤為關鍵的一年。是年，權臣桓溫廢黜了皇帝司馬奕，另立司馬昱為帝，是為簡文帝，暴露出篡權野心。此時謝安已身為吏部尚書，他忠心匡扶朝廷，極力不使桓溫的陰謀得逞。咸安二年，即位不到一年的簡文帝於憂慮中病逝，太子司馬曜即位，原本希望簡文帝把皇位禪讓給自己的桓溫遂以進京祭奠簡文帝為名，於寧康元年（373）二月率軍行至建康城外。他在新亭埋伏兵士下令召見謝安和王坦之。王坦之緊張得汗流浹背，謝安則從容不迫，鎮定地化解了危機。同年桓溫抱憾而死，謝安實際上總攬了東晉的朝政。

當時，北方苻堅的前秦政權在侵佔了東晉淮水以北的大片土地後，又虎視眈眈地盯着淮水之南。謝安便派謝玄領軍北伐。太元八年，東晉與苻秦的軍隊於淮河上游的淝水隔河為陣。

雙方均派出了大量軍隊，尤其是秦軍的人數號稱百萬，可謂"投鞭斷流"。謝玄派人對秦將苻融說，希望秦軍稍向後退，在淝水岸邊讓出一片戰場，以便兩軍會戰。苻堅認為正好可用鐵騎數十萬向水邊逼近而殺之。苻融於是號令三軍後退，不料命令一下，有人於陣後大呼："秦軍敗矣！"苻堅幾十萬的大軍立即騷動起來，人心惶惶，不戰而潰。謝玄趁機指揮八千晉軍過河，揮刀砍殺。苻融混亂中被晉軍殺死。在晉軍的追擊下，前秦軍隊"風聲鶴唳，草木皆兵"。時至冬日，秦軍又受飢凍之苦，死者十之七八。苻堅南侵的軍事計劃由此破滅，兩年後，苻堅為部將姚萇所殺。

淝水之戰勝利時，謝安正在家中與友人下棋。此時姪兒謝玄從淮河前線派使者送來書信。謝安看完書信沉默不語，慢慢地接着下棋。客人問及戰局勝負時，謝安淡淡地說："孩子們大破了賊兵。"他說話的神色舉止，與平常毫無不同。

《蓮社圖》

軸 絹本 設色 〔明〕仇英
縱78.5厘米 橫46厘米 （美）王己千藏

仇英所臨的這幅《蓮社圖》保存了李公麟
原作的本來面貌，幾可亂真。畫面中眾多
的人物被巧妙地設置於背景山水中，人
物雖多，但渾然地統一於蓮社熱烈和諧的
佛學研討氣氛之中，生動地展現了當時廬
山蓮社群賢畢至的盛況，此種場所自然是
熱衷於與高僧交遊的文人士大夫的嚮往之
地。該圖既顯示出了李公麟對山水、花
鳥、鞍馬、竹石、人物等不同題材均有純
熟的駕馭能力，又顯示出仇英高超的臨摹
技巧。

■ 仇英，明代畫家，生卒年不詳。字
　實父，號十洲，江蘇太倉人，寓居
　蘇州。他雖是工匠出身，卻有志於
　丹青，長於臨摹古人畫作，幾可亂
　真。擅長人物，技法純熟，能用多
　種筆法表現不同的對象，董其昌稱
　其"趙伯駒後身，即文（徵明）、
　沈（周）亦未盡其法"。

● 蓮社圖

此幅《蓮社圖》為明代仇英臨北宋李公麟的同題作品,描繪了東晉僧人慧遠在廬山創立白蓮社,傳授他所創立的"蓮宗"理論的歷史場面。"蓮宗"又名"淨土宗",以慧遠為始祖。

慧遠(334—416)為山西雁門人,俗姓賈,自小資質聰穎,勤思敏學,精通儒學,旁及老莊。二十一歲時,慧遠前往太行山聆聽道安法師講《般若經》,於是悟徹真諦,出家為僧,隨道安修行。東晉太元四年(379),道安被前秦苻堅執往長安,其徒眾零散不堪,慧遠遂率弟子數人打算去廣東羅浮山,路過九江,見廬山清淨,便駐足廬山龍泉精舍。後住進刺史桓伊為其建造的東林寺,修身弘道,三十餘年跡不入俗,影不出山。東林寺逐漸成為中國南方佛教的中心。

東晉元興二年(402),慧遠於廬山創立了"白蓮社",這在中國佛教史上具有里程碑式的意義。一時間各方名僧雅士不期而至,雲集廬山。他們有劉遺民、周續之、雷次宗、畢穎之、宗炳、謝靈運、陶淵明等,其中慧遠與陶淵明還留下了"虎溪三笑"的佳話。傳說,慧遠潛心修行,送客以東林寺的虎溪為界。一日,因與陶淵明及廬山簡寂觀道士陸淨修暢談義理,興猶未盡,不知不覺就過了虎溪,以至慧遠馴養的老虎鳴吼警告。三人相顧大笑,欣然而別。這雖只是後人的附會之說,但也反映了人們對當時蓮社佛學研究氣氛的肯定。李公麟便繪有《虎溪三笑圖》傳世。

創社時,慧遠與這些名流儒士、達官貴人等一百二十三人,在精舍無量壽佛前立誓,共期往生西方佛國極樂世界,既弘揚了淨宗教義,又壯大了其教派力量。針對時人桓玄提出的沙門應該敬王的言論,慧遠作為佛教界的領袖,通過《與桓太尉論沙門書》、《沙門不敬王者論》等著作,闡明了僧人不應禮拜帝王的思想,維護了僧人的尊嚴。而此次鬥爭的勝利顯然與蓮社在江南地區的影響力是分不開的。

《木蘭從軍》

木版年畫 河南 朱仙鎮

該圖人物造型稚樸可愛，其中木蘭雖身着戎裝，英姿颯爽，但眉宇之間還是透出女子的秀媚。

木蘭從軍

木蘭從軍的故事發生於北魏時期，講述了一位代父從軍的巾幗英雄的傳奇經歷。

南北朝時的北朝，與南朝在社會制度、風俗上有着明顯不同。當南方的女子一直在男尊女卑的儒家倫理觀念籠罩下的時候，北朝的社會制度則剛從原始氏族公社中蛻變出來，社會上還普遍存在着尊重女性的生活習慣。只有在這種社會風氣的陶冶下，才有可能出現木蘭從軍的千古傳奇。

木蘭據說姓花，商丘（今河南商丘縣南）人，從小跟着父親讀書寫字，平時料理家務，紡紗織布。受北方尚武風俗的影響，木蘭還喜歡騎馬射箭，練就了一身好武藝。一日可汗下令徵兵，木蘭的父親也在應徵之列。可是其父已年老體衰，家中沒有哥哥，只有一個年幼的弟弟，木蘭只好女扮男裝，代父從軍。

那個時候實行的是"府兵制"，即私人武裝中央化。地方上的豪強地主，通過他們的從屬關係，在作戰前先把自己管轄範圍內的下人組織成私人武裝，然後由朝廷統一調遣。所以，木蘭要自己準備戰馬和戰時用具。木蘭在買來馬和其他主要用具後，便與父母揮淚而別，"萬里赴戎機，關山度若飛"，開始了自己漫長的戎馬生涯。木蘭跟着隊伍去過很多地方，參加了無數次殘酷的戰鬥，許多的夥伴都犧牲了，木蘭卻活了下來，且巾幗不讓鬚眉，作戰十分英勇。木蘭勝利回來後，可汗給了她很多賞賜，問她願不願意做官，木蘭婉言謝絕，只希望可汗能讓她早日回到父母身邊。

聽說木蘭回鄉，年老的父母相互攙扶着出城迎接；姐姐忙着打扮自己，"當戶理紅妝"；而她當初年幼的弟弟早已長大成人，此時正高興地為姐姐殺豬宰羊。木蘭一到家便迫不急待地脫下戰袍，換上舊時的女兒裝束，接着"當窗理雲鬢，對鏡貼花黃"。出門拜見戰時夥伴，大家均驚得目瞪口獃，與木蘭同行多年，誰會想到木蘭竟是女兒之身呢！

木蘭代父從軍的故事被後人編成了歌謠《木蘭詩》，一直傳唱至今。

《北齊校書圖》

卷 絹本 設色 〔北齊〕楊子華 縱27.6厘米 橫114厘米 （美）波士頓美術館藏

此幅《北齊校書圖》是楊子華最重要的傳世作品，描繪了五位漢族士大夫，坐在原本只有北方少數民族地區才有的胡床和馬扎上，或展卷沉思，或執筆疾書，或似欲逃酒離席卻為同舍挽留。圍繞他們共有十五人在旁伺候，端硯的端硯，倒酒的倒酒，還有拿衣服的、送食物的、牽馬的都進入了畫面，內容尤為豐富。士大夫們或許因為天熱，均穿着涼快的"心衣"，無拘無束，一派盛世祥和的氣象。人物造型精妙傳神，線條流暢而簡括，衣紋描繪很有質感。

■ 楊子華，北齊宮廷畫家，生卒年不詳。其作品多為人物風俗畫和佛教壁畫。傳言他在壁上畫馬，令人"夜聽蹄齧長鳴，如索水草"。這自然是附會之說，不過在北齊的宮廷中除了皇上，沒人敢隨便請他作畫。唐張彥遠在《歷代名畫記》中記有楊子華在唐代畫價的寶貴資料：一片屏風值金二萬，稍次一點的也要賣到一萬五千金，由此可見其作品的珍貴程度。

北齊校書圖

圖繪公元556年北齊文宣帝高洋命令樊遜等十一人刊校五經諸史的事件。宋黃庭堅說他曾經看到過唐閻立本臨的《北齊校書圖》摹本，其中人物，僅校書的士大夫就有十二位，而他描述的一部分就與本幅圖完全一致，可見我們看到的這一畫卷，並不是完整的畫卷。

南北朝時期的中國，處於各軍閥割據、政權林立、版圖分裂的狀態，但在局部、短時間的戰爭之餘，中國的經濟、文化等各方面仍保持着向前發展的趨勢。在北方，匈奴、鮮卑、羯、氐、羌先後建立了十多個國家，史稱"五胡十六國"，其中鮮卑人拓跋氏於公元439年建立的北魏實行了胡漢融合政策，禁胡服胡語，禁止鮮卑人同族通婚。這些措施激化了北魏的種族和階級矛盾，反抗和起義連綿不斷。公元534年，北魏在軍閥混戰中分為東魏和西魏，前者由鮮卑化的漢人高歡、高洋父子掌權，後者為宇文泰、宇文覺父子掌權。高洋改東魏為北齊，宇文覺改西魏為北周，先後稱帝。高洋即位後立即對國家進行一系列的改革，尤其重視儒學對人們思想的統治作用，任用了一大批漢族士大夫，提倡儒學教育。

戰亂中，五經諸史等書籍喪失殆盡，尤其是公元554年11月當西魏的軍隊逼近南方梁的京城江陵時，梁元帝蕭繹自知無法挽回敗局，遂一把火燒掉了南朝秘府所藏典籍二十四萬卷。梁元帝本人是酷愛讀書藏書的，此種做法實乃可悲可歎。故而，北齊這次對古籍的收集刊校顯得意義尤為重大，成為一時之文壇盛事。公元556年，北齊文宣帝為了整理更多的書籍供太子學習，便讓官員樊遜和冀州秀才高乾和等十一人在尚書省共同刊定群書。楊子華作此幅作品的時間當在校書結束後的幾年或十幾年之久。一件重要的文化事件因楊子華的這幅傑作至今仍令人回味不已。

《北周武帝與陳後主》

卷 絹本 設色 全圖縱51.3厘米 橫531厘米

〔唐〕閻立本（傳）（美）波士頓藝術博物館藏

此圖選自傳為唐代閻立本所作的《歷代帝王圖》，畫上沒有署款。國外研究者曾對此圖作過化學分析，
發現此長卷乃由多幅殘卷拼合而成，不過即便如此仍不能斷定其作者為誰，但從藝術風格上看，此圖
與閻立本的畫風是一致的，故而歷來被公認為閻立本的作品。全圖描繪了從西漢至隋代的十三個帝王形
象，依次為西漢昭帝劉弗陵、東漢光武帝劉秀、魏文帝曹丕、吳王孫權、蜀主劉備、晉武帝司馬炎、陳
文帝陳蒨、陳廢帝陳伯宗、陳宣帝陳頊、陳後主陳叔寶、北周武帝宇文邕、隋文帝楊堅以及隋煬帝楊
廣。全圖以鐵線描勾勒，人物衣紋、鬍鬚皆勻細挺拔，設色主要為黑、白、朱三色，體現了帝王的高貴
和威嚴。圖中帝王均身軀偉岸，僕人相對矮小，體現了中國傳統人物畫"主大僕小"、"君大臣小"的
思想。

北周武帝與陳後主

圖中前六人距閻立本時代較遠，後七人則較近。陳叔寶和楊堅父子等人，閻立本很有可能見過面，而北周武帝宇文邕則為閻立本的外祖父，雖去世很早，恐未及見，但對其瞭解顯然是真實而具體的。

宇文邕是個雄才大略的帝王，他雖是沒有文化，強悍粗魯，卻建立了很大功勳。他從叔父手中奪回政權，並進一步統一了整個北方。他的個人魅力以及治國方略和政治遠見，一直是史家樂於表述的話題。當他領導的北周軍隊攻破北齊首都晉陽以後，他做的第一件事便是親自拜訪住在晉陽的儒學大師熊安生。拜見時，他不讓熊安生叩頭，並拉着熊安生的手落座，還給其配上輕便馬車。他還將北齊的幾處皇家遊樂場所拆除，將磚瓦分給百姓。班師回朝後，生性節儉的他同樣拆除了自己幾處豪華的休息之所。可惜正當宇文邕準備一鼓作氣攻下後陳時，三十六歲的他卻英年早逝。更可惜的是繼他位的大兒子宇文贇則是個荒淫無度的壞傢伙，二十歲登基，二十一歲便改稱"太上皇"，只因嫌上朝太煩。

而陳後主陳叔寶的荒淫無度更值得回味一番。陳叔寶是個炮製香豔宮體詩的高手，以一曲《玉樹後庭花》聞名於世。當隋朝的軍隊結集在長江北岸虎視眈眈時，他仍然帶着一批無聊文人與宮女們打打鬧鬧，總不忘讓宮女多唱幾遍他的那首成名曲。據載，這位風流倜儻的帝王，居然時常摟着寵妃處理政務。最終，他在靡靡之音中亡了國。故而，後世人多愛以此為例諷刺那些昏庸無能的君王。晚唐杜牧便有詩云："商女不知亡國恨，隔江猶唱後庭花。"在此《歷代帝王圖》中，畫家顯然在形象創作中融入了褒貶的情感色彩，宇文邕在侍從的扶持下顯得威嚴強悍，而亡國之君陳叔寶則以袖掩口，兩眼無神，委瑣不堪。這一方面記錄了歷史，另一方面又意在鑑戒賢愚。

《便橋會盟圖》

卷 紙本 水墨 〔元〕陳及之

縱36厘米 橫774.9厘米 北京故宮博物院藏

在這幅長卷中，繪有二百三十餘人、二百餘匹馬以及三匹駱駝，以其豐富的內容、宏大的規模，成功地
展示了當時的歷史場景，但筆意簡括，境界曠達，堪稱現存的人馬畫卷中最為壯觀的傑作。

■　陳及之，元代畫家，生卒年不詳。長於鞍馬、人物。他長期生活在北方邊塞地區，對邊塞騎
　　士們的生活十分熟悉，故而他描繪的鞍馬人物既生動又真實可信，具有很強的審美價值和史
　　料價值。

便橋會盟圖

此畫描繪了武德九年（626），唐太宗李世民在長安附近的便橋與突厥頡利可汗結盟這一歷史題材。

突厥作為北方一支強悍的少數民族，和中央政權交惡已久。早在李淵正式起兵的大業十三年（617）之前，突厥便多次進犯隋朝疆土，而李淵本人作為隋朝的晉陽留守，在與突厥兵的交戰中屢屢失利，以至於要被押到江都隋煬帝處治罪。唐高祖武德三年（620），突厥頡利可汗即位，開始直接發兵攻擾大唐邊境。李淵為集中精力統一全國，對突厥一直採取了優容策略。

武德九年六月，突厥再次進犯大唐邊境，太子李建成建議其四弟李元吉率軍北征，並徵調秦王（李世民）府的大將軍尉遲敬德、程知節（程咬金）和秦叔寶等人一同前往，此舉得到了高祖李淵的同意。太子李建成一向與李世民不和，因為嫉妒李世民的軍功和威望，企圖利用與秦王在昆明池餞行的機會，佈下伏兵刺殺之，而尉遲敬德等秦王府驍將則一律坑殺。李世民通過收買太子屬下得到這一消息後，連夜與長孫無忌、房玄齡等人商議對策，眾人都勸秦王先發制人，李世民遂於六月初四發動"玄武門之變"，誅殺建成、元吉，即皇帝位，是為唐太宗。

李世民初即帝位，頡利可汗認為大唐內部矛盾尚未全部解決，統治秩序也未安定，正是可乘之機，遂與突利可汗合兵二十萬，大舉入侵唐邊境，太宗派尉遲敬德大敗突厥。未幾，頡利可汗再次入侵，竟兵至渭水便橋，並派遣使者到長安城示威。太宗於是親率六騎到達渭水，與頡利可汗隔河相會，歷數其背棄盟約之罪狀。此時，唐軍主力繼至，軍容整肅。頡利可汗見使者去而不返，唐太宗又挺身而出，甚為恐慌，請求議和。唐太宗因其政權尚未穩固，決定採取"將欲取之，必固與之"的策略，下詔同意議和。六月三十日，李世民與頡利可汗在便橋會盟，宰馬歃血，兼賜以大量金帛財物，這便是"渭水之盟"，也即"便橋會盟"。四年後（630），唐將李靖大敗突厥，突厥終於心悅誠服地接受了唐的管轄，並擁戴唐王李世民為"天可汗"。

《蕭翼賺蘭亭圖》

卷 絹本 設色

〔唐〕閻立本

縱27.4厘米 橫64.7厘米

台北故宮博物院藏

史載閻立本繪畫能做到"六法備該，萬象不失"，又説他"尤工寫真"，"輝映前古"，表明閻立本人物造型十分準確，並能傳神，這在該圖中得到很好的體現。

■ 閻立本（？—673），雍州萬年（今陝西西安）人，幼承家學，與其兄閻立德均為初唐著名畫家兼工藝學家。閻立德曾於唐朝初年設計皇帝的禮服以及儀仗車輿，而閻立本雖以丹青為業，卻官至宰相之位，這在畫家中是不多見的。

蕭翼賺蘭亭圖

此圖取材於唐太宗派遣的監察御史蕭翼到會稽，以欺詐的辦法賺取辨才和尚家傳的王羲之《蘭亭序》真跡的故事。

唐代自高祖李淵始，歷代都重視對流散於民間的書畫珍品的搜求徵集工作，尤其是貞觀、開元年間更是如此。在書畫搜求過程中，不少人因之加官進爵，或因販賣書畫於皇家而謀取暴利，此幅《蕭翼賺蘭亭圖》反映的便是此類事情。聽說會稽辨才和尚有家傳的《蘭亭序》，宰相房玄齡便舉薦蕭翼前去尋訪。《蘭亭序》是王家的祖傳家寶，後傳至王羲之七世孫、書法家智永和尚手中，智永圓寂之前，又將其傳給了信徒辨才。為得到真跡《蘭亭序》，蕭翼特帶上了幾份"二王"雜帖為誘餌，於日暮時分進入辨才居住的寺院，假裝觀看寺中壁畫，來到了辨才院中，便說："弟子是北方人，帶了一些蠶種來賣，沒想到於寺中幸遇禪師。"於是，蕭翼得以進入辨才房中，二人一起談文說史，吟酒賦詩，竟使辨才有相見恨晚之感。

過了一段時間，蕭翼拿出梁元帝蕭繹的《職貢圖》，和尚辨才一時賞玩不已。接着蕭翼便由畫及書，拿出幾幅"二王"的帖子。辨才仔細看完蕭翼帶來的書法作品後說："真跡定是無疑，不過並非佳善之作。貧僧有一真跡倒是與眾不同。"蕭翼問："何帖?"辨才說："《蘭亭序》。"蕭翼笑着說："數經離亂，哪還有什麼真跡存世，必是偽作罷了。"

次日，辨才果然從屋樑上取出《蘭亭序》來。蕭翼看完，故意指出多處不足，說："果然是偽作。"二人爭論不休。自此，辨才再沒將《蘭亭序》放於屋樑之上，而是與蕭翼帶來的"二王"諸帖，一起放在几案上，每日於窗下臨摹數遍。一日蕭翼趁辨才外出之際，偷偷地取走《蘭亭序》及"二王"諸帖。辨才知道真相後，差點氣絕身亡，許久才蘇醒過來。

唐太宗千方百計從辨才手中獲得《蘭亭序》後，遂命歐陽詢、褚遂良、馮承素等書法名家臨摹數本，分賜近臣和王室貴族子弟，作為學習範本。太宗死後，高宗遵其遺願，將《蘭亭序》真跡殉葬於昭陵，我們今天所能見到的《蘭亭序》皆為其臨摹本。

《步輦圖》

卷 絹本 設色 〔唐〕閻立本 縱38.5厘米 橫129.6厘米 北京故宮博物院藏

作品以唐太宗派文成公主入藏，與吐蕃松贊干布聯姻為背景，描繪唐太宗便裝乘着坐輦召見吐蕃丞相祿
東贊的歷史場面。畫面中，太宗坐於步輦之上，威嚴自若。宮女九人，分列於左右，抬輦持扇，各具姿
態。吐蕃丞相祿東贊拱手肅立，顯出敬畏的神態。其人物主次分明，表情動作刻劃得細緻生動。在這幅
具有重要藝術和文獻價值的作品中，當時的華夷觀念和等級次序得到充分的顯示。畫面右側李世民的形
象通過縮小宮廷侍女的人體比例被特別放大，左側的祿東贊在鴻臚寺禮賓官的陪同下，端立於左側，舉
止很有分寸。

步輦圖

唐朝是中國歷史上最具世界主義色彩的時代，當時的長安城面積為今日西安市的八倍，城中時見高麗、日本等國的使節，而敘利亞人、阿拉伯人、波斯人等則紛紛來此定居。不過，在如此強盛的歷史背景中，唐太宗對吐蕃則採取了和親睦鄰的友好政策，顯示出了他的政治遠見。

貞觀十五年（641）正月，松贊干布派遣吐蕃丞相祿東贊入朝，帶上金五千兩以及珍玩無數請婚。畫中左側着紅衣者為鴻臚寺禮賓官，第二位身形瘦小、眉頭微蹙者則為祿東贊，祿東贊身後着白袍者應是內府太監，其任務是引導祿東贊入宮面聖。由此，我們可以推想，這一發生在貞觀十五年（641年）正月的重大歷史事件的地點應為唐宮中的後宮，而後宮原本是皇家處理家政的地方。圖中的唐太宗手裡拿着一個盒子，裡面裝的是什麼？祿東贊為何如此緊張？他是否在焦急地等待唐太宗最後的答覆？也許答案便在唐太宗手中的那個盒子裡。對此，我們均不得而知。不過，我們知道結果定是唐太宗龍顏大悅，將文成公主遠嫁吐蕃。

此外，據本畫卷尾北宋章伯益的篆書跋文，我們還可探知當時祿東贊與唐太宗的一段佚聞。唐太宗對這位吐蕃丞相的應答十分滿意，歡心之餘想以瑯玡長公主外孫女相許。誰料，祿東贊以家有妻室和身負為贊普松贊干布求親重任為由，婉言謝絕了唐太宗的美意，一時傳為佳話。

官至宰相的閻立本畫了不少具有歷史文獻價值的作品，發揮着繪畫"成教化，助人倫"的歷史功用。高祖李淵在武德九年（626）曾讓閻立本畫《秦府十八學士》來表彰杜如晦、于志寧、虞世南等人的功績；貞觀十七年（643），唐太宗讓閻立本畫《凌煙閣功臣圖》，並親自為每人寫題讚。而《步輦圖》更是以高超的藝術技巧忠實地再現了一千多年前中國中央政權與吐蕃人民的友好交往，至今仍然有着重要的歷史價值。

《文成公主進藏圖》

壁畫　西藏布達拉宮

該圖反映了西藏壁畫的一些審美特點：表現形式簡括洗煉，景物安排不受一般透視的限制，人物刻劃則細緻入微而生動。畫面上端祥雲烘托出太陽，很好地演染了主題氛圍。

文成公主進藏圖

圖載唐太宗時文成公主遠嫁西藏，與吐蕃贊普松贊干布完婚的歷史內容。與《步輦圖》同樣均為唐王朝和吐蕃王朝通好的見證。

唐代對不同的周邊少數民族採取了不同的民族政策，並取得了實效。李唐家族自稱為中原貴族華裔，可是其先祖歷仕異族，也經常與少數民族的家庭通婚。據史家考證，唐高祖李淵的母親出身拓跋鮮卑的獨孤氏，唐太宗李世民的生母出身鮮卑族的紇豆氏，而長孫皇后父母兩家皆為鮮卑人，故唐高宗李治的漢族血統只佔四分之一。這種混血的因素使李唐家族超越民族界限通婚的傳統，直到登上九五之尊時猶未終止，也正是如此，更利於他們與周邊民族搞好關係。貞觀四年（630），唐將軍李靖大敗突厥以後，突厥便擁戴唐朝皇帝（本身也有突厥血統）為"天可汗"。當時的回紇（為另一種突厥語系的民族）則不戰而降。作為藏民族的吐蕃則因文成公主下嫁和親，更是與唐王朝保持了很長時間的友好關係。

貞觀八年，吐蕃贊普松贊干布派出第一批使臣來到長安，表達了臣服的意圖，唐王朝也很快進行了回訪。此後，松贊干布幾次派遣使者，主動向唐朝求婚。貞觀十五年正月，吐蕃使者祿東贊不辱使命，終於使唐太宗答應把聰明美麗的宗室女文成公主嫁給吐蕃王松贊干布。同年，文成公主由江夏郡王李道宗護送入藏。松贊干布親自到柏海（今青海省扎陵湖）迎接公主，並在吐蕃都城邏些（今拉薩）舉行了盛大的婚禮。

隨文成公主入藏的許多唐代侍從以及攜帶的農醫等典籍，對傳播唐代文明起到了巨大作用。由於文成公主信奉佛教，松贊干布受她的影響也提倡佛教，在邏些修建了大昭寺，從而使佛教在西藏盛極一時。貞觀二十三年（649），唐太宗去世，太子李治即位。松贊干布在接受唐朝授予的駙馬都尉、西海郡王等封號後，也於唐高宗永徽元年（650）去世。此後，文成公主在吐蕃又生活了三十年，於永隆元年（680）去世。受其影響，唐中宗景龍四年（710），吐蕃贊普赤德珠丹又派使臣前來請婚，唐中宗便將金城公主嫁給了他，並派左衛大將軍楊炬護送入藏。

文成公主與松贊干布為漢藏的友好交往作出了重要貢獻，至今在西藏的大昭寺和布達拉宮還供奉二人的塑像，甚至文成公主當年帶去的燈盞，仍在那裡煥發光彩。

《六祖挾擔圖》

軸 紙本 水墨 〔南宋〕直翁
縱93厘米 橫31厘米
（日）大東急紀念文庫藏

《六祖挾擔圖》為一幅禪畫。所謂禪畫是指一種
以簡率的筆墨表現禪學意趣的繪畫形式，與梁楷
的"減筆"人物畫風格頗為相似。

■ 直翁，南宋時著名畫僧，生卒年不詳，其
作品曾對禪畫的發展產生過重要影響。

六祖挾擔圖

本幅作品描繪了禪宗六祖慧能賣薪歸途中，忽聞有人誦讀《金剛經》的琅琅之聲，遂決議出家的故事。

慧能（638—713），俗姓盧，幼年喪父，與母親相依為命。因家境貧寒，他年輕時靠打柴為生，並沒有讀過書。一天，他賣柴回來，途中忽聞有人在誦讀《金剛經》，駐足聆聽之餘遂決意出家為僧。聽誦經者說，此《金剛經》乃黃梅東馮茂山的弘忍禪師所授，於是慧能不遠萬里來到湖北黃梅，參拜五祖弘忍學法。

慧能初見弘忍，弘忍問他：“你從哪裡來？來這裡幹什麼？”

慧能答：“我從嶺南來，來到這裡不求其他，只求做佛。”

弘忍說：“嶺南來的人，豈能做佛？”

慧能說：“人有南北之分，佛性並無南北之分。”

弘忍聽了此言，微微吃驚，便安排慧能在碓房舂米。慧能終日舂米，並無怨言，可以說是弘忍七百多名僧徒中最默默無聞的一位。

一日，弘忍叫眾人各呈上一首偈語，準備暗中決定自己的衣鉢傳人。可是慧能幹雜事的身份使他並沒有資格參加此次考核。神秀身為弘忍的大弟子，自視頗高，便於半夜時分，獨自掌燈，在佛堂的南廊寫下一偈：

身是菩提樹，心如明鏡臺。

時時勤拂拭，莫使有塵埃。

清晨，弘忍見到此偈語後，默不作聲。此時慧能從此經過，聽人誦讀此偈語後，便央人寫上偈語一首：

菩提本無樹，明鏡亦非臺。

本來無一物，何處惹塵埃。

弘忍看後，叫他退下。次日，弘忍把慧能叫去，為慧能講經，並把禪宗世代相傳的木棉袈裟正式傳授於他，於是慧能便成為禪宗六祖。唐高宗儀鳳二年（677）春，慧能北上到南華寺開山傳法，持續三十七年之久。

慧能死後，其肉身一直不壞，後被其門人周身塗漆保存，直到現在他仍保持着生前的姿勢，於南華禪寺內審視着世間千年的滄桑。

《楊妃上馬圖》

團扇 絹本 設色

〔南宋〕佚名

縱25厘米

橫26.3厘米

（美）波士頓美術館藏

畫中可見玄宗騎在馬上，正回顧楊貴妃在宮女扶持下上馬的情形。因是宋人所畫，故圖中的楊貴妃雖是不乏“春寒賜浴華清池，溫泉水滑洗凝脂”的嫵媚，卻不見唐人所繪仕女畫中薄紗透體、濃麗豐肥的視覺特徵，顯示了唐宋兩朝仕女畫的審美分野。

楊妃上馬圖

此幅作品取材於唐玄宗與楊貴妃的愛情故事。玄宗是有名的多才多藝的皇帝，尤其精通音律，《霓裳羽衣曲》便是他親自創作和演奏的。不過，歷史經驗表明，這樣的情形對於一國之君而言總不是什麼好徵兆。在經歷了開元盛世以後，玄宗開始癡迷道術、縱情聲色，並信任奸佞，以至於發展到不理朝政的地步。

開元二十四年（736），玄宗最為寵愛的武惠妃去世，高力士便為玄宗物色了楊玉環。楊玉環此時為玄宗之子壽王李瑁的妃子，不僅貌美如花，而且通曉音律。一次偶然的見面，玄宗竟為之神魂顛倒，驚詫：「人間竟有如此尤物。」為了把漂亮的兒媳婦弄到身邊，玄宗機關算盡。他先授意楊玉環藉口出家為道姑，住進太真觀，仙號「楊太真」。天寶四年（745），楊玉環便被玄宗偷偷接進宮內，封為貴妃。自此，玄宗過上了「春宵苦短日高起，從此君王不早朝」的生活。

天寶十三年，高宗一再向高力士提起不理朝政之事，他說：「朝中之事交由宰相，邊關之事交由將軍們，我還有什麼好擔心的呢！」高力士回答：「將軍們權勢太大，必然擁兵自重，陛下怎麼控制他們？一旦出事，恐怕後悔就來不及了。」高力士之言讓玄宗如有所悟，不過此時他已回天乏力了。由於玄宗一度讓自己的私生活影響了對國事的關注，導致奸相李林甫一手遮天，把持朝政幾十年。李林甫死後，取而代之的楊國忠更加專橫跋扈，這才使割據范陽的安祿山有機可乘，於天寶十四年發動了安史之亂。於是，玄宗帶着楊貴妃倉皇出逃，「九重城闕煙塵生，千乘萬騎西南行」。

安史之亂平息後，玄宗回到長安，無奈此時已是物是人非。他的兒子肅宗李亨已即位多時，肅宗為了鞏固自己的統治地位，特將玄宗的親信們流放外地，並斷絕了玄宗與外界的聯繫。而他夢牽魂繞的愛妃楊玉環早已永久地留在了馬嵬坡，與他陰陽相隔。睹物思人，悲不自勝。儘管玄宗多次派道士尋覓貴妃的魂魄，而且真的有道士說自己在東海的仙山上見到了楊玉環，甚至帶回了當初她與玄宗的定情之物，但那畢竟只是道士們騙人的把戲而已，這只能勾起玄宗更深沉的思念，給他帶來更大的痛苦，所謂「天長地久有時盡，此恨綿綿無絕期」。

《虢國夫人遊春圖》

卷 絹本 設色 〔唐〕張萱 縱51.8厘米 橫148厘米 遼寧省博物館藏

此幅《遊春圖》中的並行二騎，便是虢國夫人和秦國夫人，二人均乘淺黃色駿馬，似邊走邊聊。畫面近處的虢國夫人，手持韁繩，頭梳當時極為流行的"墮馬髻"，身穿低胸輕柔的綺羅裙裝，雙目前視，顯得悠閒自若、雍容華貴。那鮮活富麗的色彩，嫵媚豐滿的仕女形象，肥碩的駿馬，無不顯現出盛唐的時代氣息。

■ 張萱，生卒年不詳，京兆（今陝西西安）人，唐代仕女畫的代表人物。出生長安的他對都市的繁華耳濡目染，特別瞭解玄宗時期因唐明皇和楊貴妃的愛情所形成的"天下重女不重男"的社會風氣。作為宮廷畫家，張萱用他生花的妙筆刻劃了許多宮廷女子的生活景象，給人以美好的懷想。他所繪的女子形象往往以朱色暈染耳根為主要特點。此幅《虢國夫人遊春圖》是其傳世的代表作品，表現了楊貴妃的姐姐虢國夫人和秦國夫人於三月三日遊春的形象。圖中作者不依靠任何背景，僅以一組人物的動作、馬的跑動和色彩的運用就把春天的氣息表現出來，真是不可思議。

虢國夫人遊春圖

虢國夫人才貌俱佳，為人放蕩不羈，與儒家謹守深閨的封建禮法相去甚遠。她對自己與唐玄宗的曖昧關係從不避嫌，因而在唐玄宗的浪漫生活中有着重要位置，是當時人們津津樂道的話題。其父楊玄琰，曾任蜀州司戶，她隨之居住在蜀中，長大後嫁裴氏為妻。楊貴妃得寵於唐玄宗時，因懷念姐姐，請求唐玄宗將虢國夫人和另外兩個姐姐一起迎入京師。唐玄宗稱楊貴妃的三個姐姐為姨，並賜以宅田，天寶初年又分別封她們三人為虢國夫人、韓國夫人和秦國夫人。隨着楊貴妃的寵遇加深，三位夫人更是並承恩澤，勢傾朝野，公主以下皆持禮相待。由於她們的權勢沖天，競相豪奢，當時長安城有民謠云：「生男勿喜女勿悲，生女也可妝門楣。」唐玄宗每年十月都要遊倖華清宮，屆時，虢國夫人與韓、秦兩位夫人，皆一同隨行，車馬僕從，連接數坊，錦繡珠玉，鮮豔奪目。據說，她們以不同的色彩各自為隊，彷彿雲錦集霞，或百花盛開。所經之處，沿途遺失丟棄的首飾珠寶玉器不可勝數，香風飄散到很遠的地方。杜甫的《麗人行》便生動描繪了楊家姐妹遊春以及百官宴的盛況：

> 三月三日天氣新，長安水邊多麗人。
> 態濃意遠淑且真，肌理細膩骨肉勻。
> 繡羅衣裳照暮春，蹙金孔雀銀麒麟。
> 頭上何所有？翠微匐葉垂鬢唇；
> 背後何所見？珠壓腰衱穩稱身。
> 就中雲幕椒房親，賜名大國虢與秦。
> 紫駝之峰出翠釜，水精之盤行素鱗。
> 犀箸厭飫久未下，鸞刀縷切空紛綸。
> 黃門飛鞚不動塵，御廚絡繹送八珍。
> 簫鼓哀吟感鬼神，賓從雜遝實要津。
> 後來鞍馬何逡巡，當軒下馬入錦茵。
> 楊花雪落覆白蘋，青鳥飛去銜紅巾。
> 炙手可熱勢絕倫，慎莫近前丞相嗔。

安祿山的叛軍兇狠地向長安殺來時，虢國夫人也逃出長安。隨後，楊國忠、楊貴妃遇難的消息相繼傳來，最終她拔劍自刎了結此生，以往的錦衣玉食、寶馬雕車頃刻間灰飛煙滅，隨風而逝，由此成為李唐王朝中一個意味深長的歷史插曲。

《太白醉酒圖》

軸 紙本 設色

〔清〕 蘇六朋

縱204.8厘米 橫93.9厘米

上海博物館藏

此圖描繪了李白醉酒於唐玄宗宮殿之上的情
景。作者用工謹而不失流暢的筆致生動地表現
出了李白飄逸高傲之態：醉意朦朧的他頭戴學
士帽，身穿白色朝服，正側目下視攙扶他的內
侍太監，全然不顧宮殿內的森嚴氣氛。蘇六朋
的人物畫取法宋元畫人細膩高古的筆意，題
材以道釋、仙人為主，是圖為作者的代表作之
一。

● 太白醉酒圖

說到唐代大詩人李白（字太白），人們總免不了把他和酒聯繫在一起，故世稱“酒仙”。杜甫詩云：“李白斗酒詩百篇，長安市上酒家眠。天子呼來不上船，自稱臣是酒中仙。”而李白自己則說：“百年三萬六千日，一日須傾三百杯。”李白為人，風流倜儻，不阿權貴，且自視很高，然而他的仕途並不如意，尤其在長安的那段時間更是如此。因而他免不了要舉杯消愁，所以有人把他的這段經歷說成是“醉臥長安”。不過，人們由酒想到的往往並不是李白的這些不如意，而是他的瀟灑以及他的詩，正如詩人余光中所說：“酒放豪腸，七分釀成了月光，餘下的三分嘯成劍氣，繡口一吐就半個盛唐。” 因此太白醉酒也成了畫家們樂於表現的題材。

李白一直是個恃才傲物的人，因為他相信“天生我材必有用”。天寶二年（743），李白決定進京朝見天子。恰巧這時，唐玄宗下詔讓他速赴長安，於是他高呼：“仰天大笑出門去，我輩豈是蓬蒿人！”入京後，李白很受玄宗恩寵，封他為翰林學士。唐段成式的《酉陽雜俎》曾有如下記載：

玄宗和楊玉環在沉香亭賞花，召翰林李白吟詩助興。李白酒醉中，命宦官高力士為其磨墨拂紙，即席寫就《清平調》三首。見李白寫得如此之快，高力士說：“放屁還沒有這樣快！”唐玄宗看了詩很高興，賜飲。李白趁機借着酒興叫高力士為他脫靴，加以奚落。

李白不事權貴的一貫做法，使他雖是風光了一回，卻很難施展自己的政治抱負。天寶三年，玄宗只好將李白“賜金放還”。

《明皇倖蜀圖》

軸 絹本 設色 〔唐〕李昭道
縱55.9厘米 橫81厘米 台北故宮博物院藏

圖中可見右側斷崖之下的峽谷中有一群官員和妃嬪，其中有一位着紅袍、騎着馬正想過橋的主要人物，一般人都認為是唐明皇，其坐騎的馬鬃剪成三股，即唐人所說的三花馬。因這位騎三花馬的人物突出的形象，我們可以推測他當為故事的主角。再看圖中的妃嬪體形豐肥，且着胡帽，男士則戴襆頭，這皆為唐開元、天寶年間的流行樣式，故而我們可以把它與安史之亂聯繫起來。

■ 李昭道，生卒年不詳。字希俊，甘肅天水人。李昭道為唐朝宗室，因其父李思訓曾任左武衛大將軍之職，故世稱"小李將軍"。李思訓、李昭道二人的山水運用了金碧輝映的色彩，既獨具風格，又成為傳統山水畫的一種重要樣式，名為"金碧山水"或"青綠山水"。

明皇倖蜀圖

大唐帝國經歷了幾代人的奮力開拓，到玄宗時已顯示出泱泱大國的氣派，然而"漁陽鼙鼓動起來，驚破霓裳羽衣曲"，很快使這一切化為泡影。

胡人安祿山用各種手段博取了玄宗及楊貴妃的歡心，尤其是被楊貴妃認作乾兒子後，更是平步青雲。天寶十四年（755）冬，安祿山以奉皇帝密旨討伐楊國忠之名，在范陽發動兵變，率領十五萬叛軍南下攻唐。一路煙塵滾滾，戰鼓驚天動地，叛軍所經之地，唐軍全無招架之功。

很快叛軍攻破潼關天塹，進逼長安。同年夏，就在安祿山攻進長安前夕，唐明皇攜楊貴妃和一批皇親國戚，以及三千禁軍一道西行入川。其實早在安祿山剛於范陽起兵時，朝臣們對唐明皇的去處便有着不同的看法。而明皇本人則欲將王位交給太子，自己御駕親征。但是韓、虢、秦三位夫人卻要求楊貴妃出面勸說明皇放棄親征的念頭，並隨楊國忠倖蜀避亂。

可見明皇倖蜀並非倉促間的決定，事實上是楊國忠、高力士等奸佞之徒精心謀劃的結果。所以天寶十五年（756），跟隨唐明皇離開長安西行的人除了太子李亨之外，便是清一色的"楊家幫"，主要是楊貴妃姐妹、楊國忠、韋見素、高力士等人，反楊派的大臣郭子儀、李光弼、顏真卿等人無一隨行，可見謀劃之嚴密。反楊派一直主張明皇留在陝西，以免為楊國忠、高力士二人謀害。而楊、高二人也擔心反楊派的報復，於是明皇等人一過長安城郊的便橋，楊國忠就下令拆橋，可是被明皇制止。試想便橋被楊國忠拆了，便不會有馬嵬坡事變的發生了。

大隊人馬逃至馬嵬坡，"六軍不發無奈何"，龍武大將軍陳玄禮與太子李亨遂誅殺了楊國忠等幾位寵臣。事後將士們仍聚而不散，玄宗無可奈何，只得命楊貴妃在驛道邊的佛堂自縊而死，眾怒方息。此後唐朝廷與叛軍展開了八年漫長而激烈的戰爭，唐軍在郭子儀、李光弼等人的領導下雖然取得勝果，但大唐帝國卻由此一蹶不振，一步步走向了衰亡的邊緣。

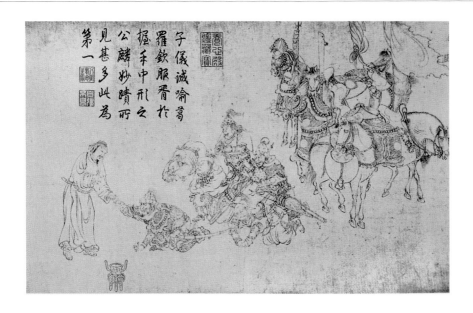

《免冑圖》

紙本 水墨 〔北宋〕李公麟

縱32.3厘米 橫223.8厘米 台北故宮博物院藏

本幅《免冑圖》描繪的是唐軍與回紇兵化干戈為玉帛的關鍵時刻，充分展現了作者"白描"技法的神韻，為李公麟傳世作品中的經典之作，正如乾隆皇帝於畫上的鑑賞題跋所云："公麟妙跡所見甚多，此為第一。"李公麟的線描作品在宋代具有開宗立派的重要意義。在他的筆下，單憑古樸典雅的線條便能使表現對象產生出樸素動人的視覺效果。本幅作品並未畫出任何背景，卻同樣營造出了充滿戲劇化的戰爭場面，便為明證。此外，李公麟的作品具有高度現實主義的風格特點，在這幅《免冑圖》中，他能重視人物的民族、地域的差別，栩栩如生地刻劃出了唐軍、回紇軍將帥的不同表現，使畫面充滿了文學敘事性特徵，實為神來之筆。

唐永泰元年(765)，時唐代宗初即帝位，立足未穩，西域的回紇都督藥葛羅便聚集三十多萬大軍與吐蕃聯合攻唐。唐軍一時難以抵抗，很快回紇、吐蕃聯軍攻打到長安北面的涇陽，威脅長安。在強敵壓境的情況下，宦官魚朝恩勸代宗再次逃出長安。由於朝臣一致反對，此舉沒有實現。在平息安史之亂中立下大功的老將郭子儀此時已年近六旬，再次臨危受命，率領一萬兵馬趕赴涇陽前線，誓死衛國。郭子儀一面命令將士構築防禦工事，並避免與回紇、吐蕃聯軍開戰，一面派人偵察敵情，唐軍因而得知聯軍原是唐軍叛將僕固懷恩招引來的，內部並不團結。僕固懷恩在安史之亂中原是郭子儀手下一名大將，因不滿朝廷對他的待遇，便暗中勾結回紇和吐蕃，說郭子儀已被宦官魚朝恩殺害，要他們聯合反唐。誰知僕固懷恩已於行軍途中得急症病故，故而回紇、吐蕃兩軍更是各懷心事，貌合神離。

回紇的將領們過去與郭子儀有很深的交情，曾一起平息安史之亂。郭子儀遂決定通過自己與他們的舊情，先把回紇兵拉攏過來。當晚他派部將李光瓚偷至回紇大營，見到了都督藥葛羅，藥葛羅他們一直認為郭子儀已死，便說郭子儀真在涇陽，那就請他來見個面吧。

郭子儀部下深怕回紇軍使詐，紛紛勸阻此次冒險之行，但郭子儀執意前往，最終他只帶幾個隨從，騎馬出營。

藥葛羅和回紇將領們遠遠望見有幾個人騎馬過來，慌忙命令兵士擺開陣勢，準備迎戰。郭子儀到了陣前，單身摘下頭盔，卸掉鐵甲，把鐵槍扔在地上，緩緩向回紇兵營走來。藥葛羅等人認出是郭子儀，慌忙下馬行禮。隨後，回紇都督藥葛羅與郭子儀灑酒盟誓，和好如初。而吐蕃軍怕唐軍和回紇兵聯合攻打自己，當夜便偷偷撤退了。

■　李公麟（1049－1106），北宋畫家。字伯時，舒州（今安徽潛山）人。神宗熙寧時進士，好古博學，與蘇軾、黃庭堅、米芾等人交往甚密。後因患風濕病，退居安徽舒城的"龍眠山莊"，自號"龍眠居士"。

《潯陽送客圖》

卷 絹本 水墨 設色 〔明〕仇英

全圖縱33.6厘米 横399.7厘米（美）納爾遜‧艾京斯美術館藏

這幅作品乃是以白居易《琵琶行》為題創作的，在手法上也帶有唐人的風格，但已滲入了畫家本人的旨趣，筆意精到而有簡拙之態、物象富麗而意境遼闊。

● 潯陽送客圖

白居易（772—864），字樂天，號香山居士，生於詩書世家，為唐代繼李白、杜甫之後又一位偉大的詩人。十五歲時，白居易立志中舉入仕，故而日夜苦讀詩書，以至口舌生瘡，手肘成繭。隨後，父死母病，僅靠長兄白幼文的微薄收入維持家用，只得奔波於鄱陽、洛陽之間，生活尤為艱苦。多年的流離生活使白居易寫下了多首反映民生疾苦、同情勞動人民的諷諭詩，高舉"感於哀樂，緣事而發"的現實主義傳統，謂之"新樂府"運動。在朝政日漸腐敗的晚唐，白居易的諷諭詩最終招致了當權者的忌恨和打擊。

唐憲宗元和十年（815），對白居易來說是最難忘記的一年。是年，唐河北三鎮的藩鎮割據勢力聯合叛唐，派人刺死了宰相武元衡，刺傷了御史中丞裴度。朝中以裴度為首的主戰派堅持平叛，而另一派勢力則強烈要求罷免裴度，主張優撫藩鎮勢力。在此情勢下，白居易率先上疏請求急捕兇手，以雪國恥，但卻被加上了越職言事的罪名，被貶為江州司馬。

比起京城長安的繁榮喧鬧，詩人所在的潯陽（今江西九江）"終歲不聞絲竹聲"，且"住近湓江地低濕，黃蘆苦竹繞宅生"。因此，元和十一年也即白居易被貶潯陽的第二年的一個秋夜，詩人於潯陽江頭送客時，一位年老色衰的歌妓精妙的琵琶聲勾起了他心中無盡的回憶和感傷。琵琶女年輕時原為長安名妓，有着"五陵年少爭纏頭，一曲紅綃不知數。鈿頭雲篦擊節碎，血色羅裙翻酒污"的美好過去，而如今的她早已紅顏凋零，門前冷落，只能嫁給商人為妾，且時常要孤燈獨守。琵琶女的淒涼身世，讓白居易有了"同是天涯淪落人"的感歎。一位是淪落江湖的昔日長安名妓，一位是謫居潯陽的江州司馬，二者雖身份相去甚遠，卻有着相似的生命體驗，故而便有了不同尋常的"座中泣下誰最多？江州司馬青衫濕"的憂愁暗恨，也便有了千古絕唱的《琵琶行》。

《張議潮統軍出行圖》

唐代 壁畫 縱130厘米 橫830厘米 敦煌156窟

出行圖是晚唐五代時期敦煌壁畫裡出現的新題材、新內容，多表現豪門貴族出行時的盛大場面。此156窟《張議潮夫婦出行圖》乃張議潮侄子張淮深為紀念其叔父推翻吐蕃在河西地區統治的功績而繪製，是敦煌壁畫中出現最早的出行圖題材。《張議潮統軍出行圖》為《張議潮夫婦出行圖》的一部分，以橫卷連環畫的形式表現出張議潮出行時鼓樂齊鳴、旌旗招展的雄壯場面，是敦煌壁畫中最大也最精緻的出行圖。此出行圖以軍樂營伎作為前導，其中儀仗隊的前列是騎兵營伎，樂伎十人分別演奏琵琶、箜篌、長笛、排簫、腰鼓等樂器；舞妓則為八人，分列兩行，一行漢裝，一行胡裝，跳起具有濃郁的西域特色的舞蹈。這些關於軍兵、營伎、百戲、歌舞等唐代樂舞形式以及活動場面的真實描繪，具有極高的史料研究價值。

張議潮統軍出行圖

安史之亂時，唐肅宗召回戍守河西地區的軍隊到內地平叛，吐蕃趁機佔領了河西各州，河西各族人民因此淪為吐蕃的奴隸，生活在吐蕃奴隸主的奴役之中。張議潮出生於敦煌漢族富戶家庭，自小便對吐蕃奴隸主的殘暴統治懷恨在心，遂暗中結集英雄豪傑，組織力量，發動漢族人民進行起義準備。唐武宗會昌二年（842），吐蕃贊普死，國內大亂，各派勢力的相互爭鬥給河西各族人民帶來更大災難，無辜民眾慘遭屠戮者不計其數，屍橫遍野。唐宣宗大中二年（848）的一天清晨，張議潮率眾起義，包圍了沙州城，與城內人民裡應外合順利趕走吐蕃兵將，接管了州府軍政大權。

張議潮收復沙州後，不久又攻下瓜州。為了和唐王朝取得聯繫，張議潮派十隊使者，攜帶十份同樣的奏章，分十路奔赴長安告捷。

至唐大中五年（851），張議潮先後收復了伊州（今新疆哈密）、西州（今新疆吐魯番）、河州（今甘肅臨夏）、甘州（今甘肅張掖）、肅州（今甘肅酒泉）、蘭州、鄯州（今青海樂都）、廓州（今青海化隆）、岷州（今甘肅岷縣）等十一州。唐大中五年，張議潮派其弟張議潭等人攜帶十一州版圖戶籍至長安面見皇帝。宣宗大悅，詔令建河西十一州節度使於沙州，封張議潮為節度使，兼十一州觀察史，全權負責河西各州的軍事、行政和財政事務，稱其軍為"歸義軍"。唐懿宗咸通二年（861），張議潮率兵攻克吐蕃盤踞的涼州。至此，河西四千餘里，皆為歸義軍所轄，斷續百年的絲綢之路再次暢通。咸通八年（867），張議潮奉詔入朝面聖，被封為萬戶侯，並賜宅田留居京師。成通十三年（872），張議潮卒於長安。

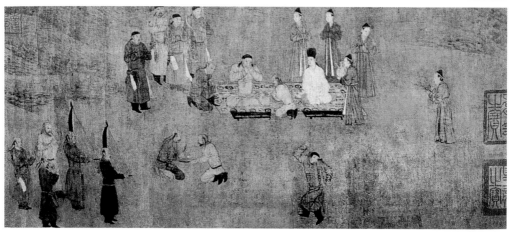

《卓歇圖》

卷 絹本 設色 〔五代〕胡瓌

縱13厘米 橫256厘米 北京故宮博物院藏

■ 胡瓌，契丹族人，對契丹部落的遊牧生活極為熟稔，可謂感同身受。宋劉道醇在《五代繪畫補遺》中稱胡瓌的畫 "信當時之神巧，絕代之精技歟"。觀此《卓歇圖》，可謂譽不為過。

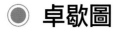

卓歇圖

胡瓌以精湛的畫技為我們再現了極具契丹特徵的人物的面容、服飾、髮型。畫面荒涼寂靜，筆法古樸雄勁，線條繁密，體現了當時北方畫派的特色以及契丹畫師的獨特畫風。畫面中契丹族可汗與其妻子盤坐在地毯上宴飲，身邊侍從進酒獻花。騎馬的勇士多人或倚馬而立，或席地而坐，馬鞍上則馱着天鵝、大雁等獵物。尤其引起我們注意的是，圖中的男子均留有同樣的髮型——髡髮，就是將兩鬢處各留一綹長髮，而將其餘部分的頭髮削掉。他們還身着“左衽”的胡服，腰繫束帶，腳穿皮靴。女子們也都穿衣領左衽的胡服，除貴族外都繫束帶，穿皮靴。圖中描繪的這些契丹人風俗的圖像資料，極具研究價值。

此畫描繪了契丹可汗率領部下狩獵出行後歇息宴飲的場景。

契丹族是中國北方的一支古老的少數民族，史載他們源於鮮卑族的柔然部。關於契丹族的起源，有一個古老的傳說：一男子乘白馬自湟河（今西拉木倫河）而來，一女子乘青牛自土河（今老哈河）而來，二者相遇，結為配偶，生八子。這個馬背上的民族有着鋼鐵般的意志和生命力（契丹一詞原為“鐵”之意），居住在內蒙古地區，內部的各個部落均以遊牧和漁獵為主。此畫作者胡瓌生活的時期正是契丹族發展的黃金時代。唐代末年，契丹族的耶律阿保機逐漸統一契丹各部，公元916年阿保機稱帝，改國號為遼，建立了統一的奴隸制國家，從此契丹進入了最輝煌的發展時期。遼建立後，一方面與宋王朝簽定澶淵之盟，一方面又與西夏交好。然而遼統治者的英明並未能使遼繼續擴張，進駐中原。在長達二百一十年的統治後，遼被北方的又一支馬背民族——女真族的金所滅，盛極一時的遼就這樣在歷史的風煙中消失了。因為時間的久遠，遼這一消失的古國，早已蒙上了神秘的面紗。一個消失的王朝，一段沉睡的歷史，一個遠逝的民族，契丹已像他們的文字那樣神秘而遙遠，因此這幅《卓歇圖》便充滿了歷史的滄桑感。

《東丹王出行圖》

卷　絹本　設色　〔遼〕李贊華
縱27.8厘米　橫125.1厘米　（美）波士頓美術館藏

身為北方草原的民族畫家，耶律倍特別擅長畫馬。畫面中馬的體型即今之蒙古馬，身軀低矮，長胴短腳，碩健異常。是圖風格細膩、典雅，與契丹墓室壁畫粗獷的風格迥然不同，表明畫家深受中原漢文化的影響。耶律倍畫馬，師法唐朝韓幹，故宋人對其有"馬尚豐肥"的評論。在中國的繪畫史上，耶律倍對遼、漢文化藝術的交流起着積極作用，由他的傳世作品我們可以窺見遼代繪畫較為具體的藝術水準和風貌。

東丹王出行圖

本畫作者李贊華為遼代開國皇帝耶律阿保機的長子。公元916年遼太祖阿保機建立契丹國,立耶律倍為太子,926年2月阿保機又封其為東丹王。不久,阿保機亡故,述律皇后把持朝政,在她的主持下,阿保機次子耶律德光於927年承襲帝位。遼太宗耶律德光統治時期,緣於帝位之爭,遼內部存在尖銳矛盾,耶律倍更因特殊的身份屢被猜疑。

耶律倍敏而好學,精通經史藝文,更有不俗的繪畫才藝。充滿文人氣質的耶律倍在王室爭鬥中,一直採取消極態度,明哲保身,以書畫自娛,盡量回避政事,放棄了權力之爭。他曾命人築藏書樓於西宮(在今遼寧省遼陽市),並常作田園詩自遣。但儘管如此,耶律德光仍派人對他進行長期監視。

後唐明宗李嗣源是五代十國中難得一見的有為之主,他知道此事後,派人秘密到遼國游說。公元930年,耶律倍懷着對漢族文化的嚮往,趁出獵海上之機出逃,渡海投奔後唐,隨即被迎至後唐都城汴梁(今河南開封)。後唐明宗賜耶律倍姓李,名贊華,因而在畫史中耶律倍又被記載為李贊華。身居異國他鄉,雖然受到了後唐明宗的盛情款待,耶律倍仍然難以排遣內心的苦悶,這幅帶有自傳性質的《東丹王出行圖》便為其生動的自況。在這支胡人風貌的出行隊伍中,最後一位即為東丹王耶律倍,他騎在一匹裝飾得很華麗的駿馬上,左手持韁,右手又牽着另一匹駿馬,神情憂鬱,若有所思,似乎心中鬱結着對政治鬥爭失敗的無奈、對故鄉親人的深切思念以及對自己棄遼投奔後唐處境的憂慮。公元936年,耶律倍被明宗李嗣源養子李從珂所殺。公元937年,耶律倍的兒子耶律阮奪回遼帝位,追封其為"讓國皇帝"。

■ 李贊華(899—936)字圖欲,原名耶律倍,遼代開國皇帝耶律阿保機的兒子。善畫馬,取法韓幹,體態豐肥。所繪人物,亦能傳神。

《重屏會棋圖》

絹本 設色 〔五代〕周文矩
縱42厘米 橫70.5厘米 北京故宮博物院藏

《重屏會棋圖》是一幅很值得玩味的作品。重屏反映出屏風在五代的流行特點。畫面中周文矩巧妙地在背景的屏風中又畫了一幅屏風，故曰重屏，使人畫中觀畫，引起豐富的視覺聯想。圖中圍桌而坐的四位下棋者為南唐中主李璟兄弟四人。李煜詞云：「四十年來家國，三千里地山河。」南唐傳三主，先主李昪、中主李璟、後主李煜，共三十九年。南唐雖短，卻像後主李煜的詞一樣，在歷史的風煙中留下厚重而感傷的一筆。畫面中表現的房間陳設簡單雅致，襯托出畫面裡寧靜高雅的氣氛。圖右面擺着一張臥具，四個人的坐姿均舒適而放鬆，由此可見，這顯然是個比較私密的宮內空間。畫面中間，頭戴高冠者為中主李璟，右手捏冊，不露聲色地端坐觀棋。畫中坐在李璟左方，舉棋留鬚者為四弟齊王景達，景達神色自若，目視對方，正用手指點催促。景達對面最年輕的那位是李昪最寵愛的幼子江王景逿。李璟右首為大弟晉王景遂，他親昵地扶着小弟肩膀，凝視棋盤，神色專注。

重屏會棋圖

南唐締造者李昇共有五子：長子李璟、次子景遷、三子景遂、四子景達、幼子景逷。兄弟間的關係，基本還算和睦，但在王位繼承上仍存在着暗中爭鬥。李璟雖為長子，但先主李昇並不喜歡他，緣於他過於文弱，與世無爭，淡若幽蘭的氣質似乎更適合填詞而無法擔當國事。故而，朝中權臣宋齊丘明確地支持李璟二子李景遷為太子，也就是畫面中唯一沒有出現的那位。無奈景遷在昇元元年（937）未滿二十歲時便病死於揚州。宋齊丘轉而支持三子李景遂，也就是畫面中着朱衣者。史載他頗有手腕，平時輕財好客，十分擅於拉攏人心。由於宋齊丘的支持，李璟即使在即位後，仍然詔告天下，冊立景遂為“太弟”，一直居住在只有太子才能居住的東宮，顯然這意在告訴天下，假如李璟去世後，繼承王位的不是李璟的兒子，而是太弟李景遂。這種情況，直到後來李璟除掉宋齊丘勢力後才得以完全改變。李景遂讓出東宮不久，便被仍然心有不安的太子毒死。其實這當中還有一段小插曲：李昇後又屬意於四子景達，在病危時曾秘密派人召回景達，欲託後事，這時幸虧一位忠於李璟的御醫將此事密告李璟，方將密信截留，從而避免了一場宮廷政變。

由此可見，《重屏會棋圖》所呈現出的寧靜祥和的氣氛也只是表面現象，其背後仍少不了南唐政權兩代人的王室爭鬥，骨肉相殘。

■ 周文矩，五代南唐畫家。生卒年不詳。江蘇句容人，畫院待詔，李璟時已入南唐宮廷。從技法的角度講，周文矩最有名的是他畫人物衣紋時所用的顫動的線條，又稱“戰筆”，屬於人物線描畫法的新形式。據說這是他受後主李煜書法“金錯刀書”的影響而創造的，看上去細勁曲屈，略有頓挫，多轉折，露圭角，並不一定按照衣紋的原樣描繪，有時只是描繪了衣紋本身的視覺美感。我們可以從這幅《重屏會棋圖》中看到“戰筆”的運用。

《韓熙載夜宴圖》

卷 絹本 設色 〔南唐〕顧閎中

縱28.7厘米 橫335.5厘米 北京故宮博物院藏

該圖注重整個"夜宴"情節過程的描繪，並以屏風為間隔自然形成不同的情節段落。同時畫家還善於刻劃人物的神態和由此表現出來的心理活動。人物安排錯落巧妙，前後、左右相映相視，設色濃麗典雅，衣紋用筆細勁宛轉，顯示了極為精湛的功力。

■ 顧閎中，生卒年不詳。南唐畫院待詔，以畫人物肖像著稱，現存《韓熙載夜宴圖》是他唯一的傳世作品。

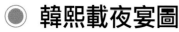

韓熙載夜宴圖

　　該畫表現了南唐重臣韓熙載放蕩不羈的夜生活。韓熙載為南唐三朝重臣，先主李昪即位前他便慕名而來，揚言"江左用吾為相，當長驅以定中原"。然而，現實卻不盡如人意：

　　當北宋對南唐虎視眈眈時，後主李煜卻夜夜笙歌，步上歷代帝王窮途末路時寄情聲色的後塵。他在自己的娥皇（大周后）重病之際，與小周后偷情私通，好不容易等到娥皇下葬，李煜就想大辦婚事。事不湊巧，娥皇病逝的當年十月，李煜的生母也命赴黃泉，李煜只好守孝三年，停止婚事的操辦。開寶元年（968），李煜守孝期剛滿，便對群臣舊事重提。雖然他和小周后早已同居，但仍然要向朝野展示皇家的明媒正娶，假戲真做，而主辦婚禮的特使便是時任中書令的韓熙載。按照古禮，婚禮須補辦納采、問名、納吉、納徵、請期、親迎等六道手續。而行納采、問名等禮必須執雁。古人認為雁能代人傳書，成人之美，從一而終。不巧，時值秋日，雁飛嶺南，只好以鵝代雁。於是韓熙載便懷抱身披彩繡絲巾、口銜黃綾詔書的白鵝，乘坐彩繪一新的官船，從金陵（今江蘇南京）沿江東下，直奔小周后的故里揚州。唯恐白鵝在途中撒野，特將鵝嘴、鵝翅和鵝腿用紅繩緊緊地捆紮起來。作為婚禮的主辦人，韓熙載好不風光。不過，李煜在南唐風雨飄搖時，一味尋歡作樂的做法最終使韓熙載深感憂慮。

　　李煜與小周后完婚後，形影不離，二人在宮內頭戴僧帽，身着袈裟，禮佛誦經。甚為荒唐的是，二人竟不惜有失君主體面，親自為禪師僧徒削廁簡。所謂"廁簡"，類似後世人如廁時用的手紙。李煜怕廁簡粗糙有刺，扎傷僧侶屁股，便先在自己面頰上調試一番，直到光滑可用為止。

　　韓熙載針對李煜如此佞佛行善，上書彈劾。李煜對此則充耳不聞，於是眼冷心熱的韓熙載一反正直敢諫的常態，把自己同樣變成了一個沉溺酒色的庸碌之輩。

　　韓熙載請了長假，於金陵中華門外的石子崗養病，成天與四十多個姬妾談笑取樂。據載，他領到俸祿後，盡數散發給這些姬妾，然後再穿着破衣衫，挎着破藍子，到各姬妾的院子中乞討，以博一笑。但李煜對韓熙載仍不放心，便派畫院待詔顧閎中去暗中窺探的活動。顧閎中正好碰上韓熙載家中夜宴，便目識心記，創作了這一作品。

《孟蜀宮妓圖》

軸 絹本 設色 〔明〕唐寅

縱124.7厘米 橫63.6厘米

北京故宮博物院藏

■ 　唐寅，明代畫家，生卒年不詳。初字伯虎，更字子畏，號六如居士、桃花庵主人，江蘇吳縣人。明弘治十一年（1498），二十九歲的唐寅赴應天鄉試，高中解元（鄉試第一名），一時間“南京解元”的名聲不脛而走，不料進京參加會試後，因有人誣告其科場作弊而鋃鐺入獄。出獄後，萬念俱灰的唐寅自號“江南第一風流才子”，絕意仕途，以字畫為生，自云：“不煉金丹不坐禪，不為商賈不耕田。閑來寫幅丹青賣，不使人間造孽錢。”

該圖中的仕女形象粉面桃腮，柳眼櫻唇，下巴尖俏，並以白粉烘染額、鼻、臉頰，使其形象越見嬌媚可愛。唐寅的仕女造型對後世影響廣遠，成為明清仕女的一種經典樣式。

孟蜀宮妓圖

唐寅此畫通過對蜀後主時期四名宮妓的描繪，諷刺了蜀後主荒淫無恥的生活。唐寅在原畫中並沒有寫上題目，《孟蜀宮妓圖》這個題目為明末收藏家汪珂玉在《珊瑚網》中所定，以後也就延續了這個題目。據專家考證，這幅作品描繪的實際上並非蜀後主孟昶，而是另一位蜀後主王衍的生活內容，故而這幅畫的題目也應該改為《王蜀宮妓圖》。這位蜀後主是個荒淫無度的君王，他的私生活總是佔據了關注國事的時間。他熱衷於和身邊一群奸佞之徒無拘無束地吃喝玩樂，嬉笑打鬧，喝酒時喜歡行一種搖頭一類的酒令。他還喜歡出入煙花柳巷，為防別人認出自己，便下令全國的老百姓都戴上能遮住頭的大帽子，時人謂之"泥首包羞"。後唐的軍隊打來時，他仍在飲酒，兵士們都說："沒什麼，再行一把搖頭的酒令吧。"唐寅於畫中題款所記的："蜀之謠已溢耳矣，而主之不挹注之，竟至濫觴。俾後想搖頭之令，不無扼腕。"指的便是這些事情。

畫中右上部唐寅題款："蓮花冠子道人衣，日侍君主宴紫薇。花柳不知人已去，年年鬥綠與爭緋。蜀後主每於宮中裹小巾，命宮妓衣道衣，冠蓮花冠，日尋花柳以侍酣宴。"這是指王衍平時喜歡宮妓們戴上蓮花冠，穿上道袍。在他看來，這樣看起來更加嫵媚動人，風情萬種，對此他作《甘州曲》描繪道："畫羅裙，能結束，稱腰身。柳眉桃臉不勝春，薄媚足精神。可惜許，淪落在風塵。"他曾經與母親、妃子帶上一群宮女去成都附近青城山上的上清宮遊玩，也讓宮女們戴上蓮花冠，穿着道袍，衣服上還飾有精美的雲霞圖案，遠遠看去，猶如神仙下凡，真乃皇家氣派。遇上此等君王，不亡國也就難了。最終，他為後唐的莊宗滅了族。唐寅此幅《孟蜀宮妓圖》在描繪後蜀宮妓的嫵媚風情的同時，更充滿了借古諷今的興亡之歎。

《雪夜訪普圖》

軸 絹本 設色 〔明〕劉俊
縱143.2厘米 橫15.1厘米
北京故宮博物院藏

畫面描繪的是雪夜景色。在寬敞的廳堂裡，銀燭高照，地上鋪着雲朵紋綵的地毯，宋太祖與趙普盤膝相坐。太祖相貌威嚴俊偉，目光炯炯有神，頭紮巾帽，身穿龍袍。旁邊坐着的趙普，便服紮巾，面向對方拱手講話。兩個人的神態既嚴肅又自然，氣氛非常融洽，烤肉架上正在烤的肉同樣也描繪得十分清晰，似乎正發出誘人的香味，廳堂裡閤門旁的趙普妻，儀態恭謹，雙手托着杯盤，正向前廳走來。廳堂外面四個侍從，有的騎馬，有的擎傘，冒着風雪，站在大門外守候，他們凍得縮着脖子，捂着耳朵，樣子十分辛苦。夜色正濃，萬籟無聲，老樹寒鴉，遠峰高聳。劉俊以明代宮廷繪畫頗具代表性的藝術手法，表現了宋太祖、宋太宗的文治武功，只是文中提到的晉王畫上沒有表現出來。

明代宮廷繪畫，仍保持着宋代"院體"畫法的固有傳統，精工巧密，一絲不苟。不過宋代院體畫一般下筆較重，樸厚嚴緊，而這幅畫則下筆較輕，瀟灑疏放，有了自己獨特的風格，顯示了畫家在繼承傳統畫法的基礎上，能夠有所變化，技藝尤為精熟。通過此幅《雪夜訪普圖》，明代宮廷繪畫的面貌及其藝術成就可見一斑。

雪夜訪普圖

　　《雪夜訪普圖》描繪的是宋太祖趙匡胤夜訪宰相趙普的一段歷史故事。明太祖朱元璋起兵時，一直打着"反元復宋"的旗號，因而這幅反映宋初故事的歷史畫在明初出現可謂意味深長。

　　趙普是宋初名相，開國元勳。根據《宋史》記載，他歷事太祖、太宗兩朝，官至平章事、集賢殿大學士。其為人剛毅果斷，善於權謀，他輔佐趙匡胤平定南北，統一帝業，被皇帝視為左右手。作為太祖最欣賞、最信任的謀士，後周顯德七年（960），趙匡胤發動陳橋兵變時，是趙普將黃袍加身於趙匡胤的。隨後，他曾為宋太祖密謀，獻"杯酒釋兵權"之計，於杯酒談笑間，解除了功臣武將的兵權。

　　宋太祖削平南方割據勢力以後，如何平定北方，統一全國，需要作全面部署，雪夜訪普就是在這樣的背景下發生的，時間大約是在開寶年間（968—976）。趙匡胤經常微行來到趙普家，共計天下大事，趙普每每退朝回家，總不敢穿上便服。《宋史》有這樣的記載：一日，夜降大雪，趙普料想太祖不會再來，沒想到，"久之，聞叩門聲，普亟出，帝立風雪中，普慌懼迎拜，帝曰：'已約晉王（趙光義，後為宋太宗）'矣"。過了一會，晉王趙光義也來到屋內，於是設炭盆於坐堂之中，溫酒燒肉，其樂融融，趙普妻子於一旁行酒，太祖、太宗以嫂稱之。本圖與這段記載如出一轍。

　　此圖為劉俊的代表作品，畫面留白處有作者款字一行，稱："錦衣都指揮劉俊寫。""錦衣都指揮"是明朝廷給予宮廷畫家的職銜，這源於明代的宮廷畫家在行政編制上從屬於特務組織錦衣衛。

《陶穀贈詞圖》

軸 絹本 設色 〔明〕唐寅
縱168.8厘米 橫102.1厘米
台北故宮博物院藏

唐伯虎歷史題材的繪畫有不少
都帶有諷古喻今的意味，他的
《孟蜀宮妓圖》嘲諷了蜀後主
王衍的昏庸誤國，而此幅《陶
穀贈詞圖》則對出使南唐的宋
初大臣陶穀的道貌岸然進行了
辛辣的諷刺。在唐伯虎的傳世
作品中，是圖屬於工謹細勁的
一類，畫面中勁利的線條、古
雅的設色與周圍背景中的高
樹、奇石、芭蕉以及坐榻、畫
屏，相得益彰。

陶穀贈詞圖

陶穀（903—970），字秀實，邠州新平（今陝西彬縣）人，後周世宗時便為朝中重臣，到北宋開國時，為"翰林學士"。在當時，陶穀是著名的飽學之士，歷史上曾有"陶穀烹茗"的風雅之事傳之後世。說的是，一次陶穀得一婢女，此婢女原來的主人為一党姓的粗俗之人。一日天降大雪，陶穀便讓婢女用雪水煮茶。他對婢女說："你原先的主人也這樣吧？"婢女說："他只知道在錦帳內飲羊羔酒。"陶穀聽後得意極了。不過，就是這樣一位風雅之士，卻同樣留下了"陶穀贈詞"的醜劇。

北宋初年，陶穀出使南唐，後主李煜便派國內才名最大的韓熙載作陪。沒想到，陶穀對韓熙載態度極為傲慢，對後主李煜這樣充滿文人氣質的君王也是如此。南唐君臣無法容忍他的這種態度，便設下圈套，派歌妓秦蒻蘭裝扮成賣唱女子來到陶穀下榻的旅館中，接近白日道貌岸然、盛氣凌人的陶穀。陶穀見秦蒻蘭談吐風雅、貌美如花，遂邪念萌動，早把往常的一本正經拋之腦後。他對秦蒻蘭又是曲意逢迎，又是贈詞討好。詞曰：

好因緣，惡因緣，抵得郵亭一夜眠，別神仙。　琵琶撥盡相思調，知音少。待得鸞膠續斷弦，是何年？

次日，後主李煜設宴款待陶穀，他仍然擺出不可一世的架勢。李後主一揮手，召懷抱琵琶的秦蒻蘭前來獻曲。秦蒻蘭隨口唱出陶穀的贈詞。陶穀很快認出秦蒻蘭就是昨晚在旅館中和自己一夜風流的賣唱女子，原本正襟危坐的他頓時坐立不安，面紅耳赤，急得汗下如雨。對此，唐伯虎於畫上題跋諷刺曰：

一宿姻緣逆旅中，短詞聊以識泥鴻。

當時我作陶承旨，何必尊前臉發紅？

他認為，當初他若是陶穀（陶承旨）便不會面紅耳赤了。唐伯虎自號"江南第一風流才子"，眠花宿柳乃家常便飯，遇到此事當然會處若不驚了。陶穀的弱點在於心存風流之念，表面上卻又道貌岸然，難免會給世人留下笑柄。

《破窯風雪》

軸 絹本 水墨 淡設色
〔明〕謝時臣
縱185.2厘米 橫94.8厘米
（日）靜嘉堂文庫藏

該圖採取山水與人物相對比的
表現手法，整個畫面寒氣凜
冽。風雪瀰漫中呂蒙正夫妻所
棲居的寒窯顯得淒涼至極，尤
其是在遠處雄偉建築的映襯下
更是如此。

破窰風雪

此圖為明代畫家謝時臣所繪《四傑四景圖》中的第四幅，描繪了北宋宰相呂蒙正貧賤之時與妻子避身寒窰的情景。呂蒙正少時家貧如洗，而後來竟歷事宋太宗、宋真宗兩朝，三次擔任宰相之職，其前後強烈的反差，使後人將其傳奇性的經歷演繹成了不同版本的故事，流傳至今。

其中最有代表性的當為《破窰記》：相爺之女劉月娥正於城中搭建彩樓招親，身為乞丐的呂蒙正前去看熱鬧。劉月娥因在繡樓之下沒發現自己的意中人，就將繡球扔給台下的一個乞丐，想給些銀子打發了事，此乞丐便是呂蒙正。相爺見此模樣，便叫手下人給他一百兩銀子，趕他出去。可呂蒙正不答應，此時的劉月娥則於一旁看出呂蒙正的舉手投足間有股才氣，料想此人將來必成大器，最終不顧家人反對與呂蒙正一同寄宿破窰。

這顯然是好事者的敷衍之作，不過呂蒙正本人從貧賤到富貴的轉變也確實令人感歎萬分。

呂蒙正（946—1011），字聖功，河南洛陽人，為宋太宗太平興國二年（977）的狀元。太宗、真宗兩朝三次拜任宰相之職，以直諫敢言著稱。他與宋開國元勳趙普關係極為融洽，其顯赫地位也可與趙普相當。直到呂蒙正因病辭官，回歸故里後，宋真宗還曾兩次路過洛陽看望他，並詢問其子中誰可為官。呂蒙正則說：“諸子皆不足用，有侄呂夷簡，真乃宰相器也！”後來，呂夷簡真的做了宰相。宋大中祥符四年（1011），呂蒙正病逝，時年六十七歲，諡文穆，贈中書令。

呂蒙正少年時便父母雙亡，家道中落，只好白天依靠寺院的齋飯充飢，晚上，於洛陽城郊的破窰躲避風寒，甚至曾經一度淪為乞丐，其落魄淒涼慘狀可想而知，故而民間常以“窮過呂蒙正”的說法來論人窮極。不過呂蒙正於困境中仍然是“窮且愈堅，不墜青雲之志”，一直不忘發憤苦讀。在人們譏其貧賤時，他總是說，不是我太貧賤，而是我時運未到。他的《破窰賦》有云：“天有不測風雲，人有旦夕禍福。”此種於逆境中的平和心境同樣也給後人以深刻啟迪。

《蘇軾回翰林院》

紙本 設色 〔明〕張路 縱31.8厘米 橫121.6厘米 （美）私人藏

該圖注重人物安排的疏密關係和襯景的描繪。張路人物畫深受吳偉的影響，用筆勁健爽利，激越奔放，極富動感。然該作品的勾線卻稍見謹嚴，略施淡彩，具有"白描"旨趣。

■ 張路（1464—1538），明代宮廷畫家，生卒年不詳。字天馳，號平山，詳符（今河南開封）人，以擅繪人物見稱於世。

蘇軾回翰林院

蘇軾（1037—1101）字子瞻，因被貶黃州時曾於城東的坡地開荒種田，故自號"東坡居士"。蘇軾一生命運多舛，多次被貶。

宋神宗元豐二年（1079），時值王安石變法，推行新政。蘇軾對新政有着自己的看法，因作詩"譏刺新政"而下獄，史稱"烏臺詩案"。元豐三年，蘇軾被貶黃州（今湖北黃岡）。在黃州幾年的時間，蘇軾可謂貧病交加，其傳世作品《黃州寒食詩》便描繪了他於黃州幾經絕望的慘淡生活：

自我來黃州，已過三寒食。年年欲惜春，春去不容惜。今年又苦雨，兩月秋蕭瑟。臥聞海棠花，泥污燕支雪。暗中偷負去，夜半真有力。何殊病少年，病起頭已白。春江欲入戶，雨勢來不已。小屋如漁舟，濛濛水雲裡。空庖煮寒菜，破灶燒濕葦。那知是寒食，但見烏銜紙。君門深九重，墳墓在萬里。出擬哭途窮，死灰吹不起。

但蘇軾最終還是於逆境中保持着"一蓑煙雨任平生"的超脫與從容，此間他寫出了一些傳之後世的絕妙詩文。元豐八年神宗病死，哲宗年幼，高太后臨朝，次年改元元祐，起用舊黨司馬光執政，蘇軾於是被調回京都任職於翰林院。一夜蘇軾忽被高太后召見，向他解釋原委，並重申對他的信任，隨後太后派人送蘇軾回翰林院，且讓侍從摘下自己座椅上方懸掛的金蓮燈為他照明，本幅作品描繪的便是這一歷史瞬間。圖中可見蘇軾在眾人的前呼後擁中是何等的榮耀，大異被貶黃州時的窘境。

不過，在此後的十幾年中，蘇軾又先後被貶穎州、惠州、儋州（今海南島）等地。元符三年（1100），宋徽宗即位，大赦天下，蘇軾這才自海南北還。次年，宋徽宗召蘇軾入京，不料蘇軾病逝於常州，時年六十六歲。

《西園雅集圖》

卷 絹本 水墨 淡設色 〔南宋〕馬遠

全圖縱29.3厘米 橫302.3厘米 （美）納爾遜‧艾京斯美術館藏

■ 馬遠，南宋畫家，生卒年不詳。字遙父，號欽山。幼承家學，山水以峭拔簡括見長，下筆遒
勁嚴峻，設色清潤，開南宋山水畫一代新風。後人將他與夏圭並稱為“馬夏”。

西園雅集圖

馬遠此幅《西園雅集圖》是至今我們所能見到的關於此次雅集盛會的最早畫本,此圖與米芾的《西園雅集圖記》當為歷史上關於這次雅集事件最好的註腳。圖中共繪主友十六人,加上侍姬書僮,共二十二人。畫面中松柏扶疏,流水潺潺,可謂極園林之勝。賓主均為是時名聞天下的風雅之士,他們或吟詩,或作畫,可題石,或撫琴,或看書,或說話,極視聽之娛、宴遊之樂。此番景象很容易使人聯想起東晉永和九年(353)王羲之於浙江會稽舉行的蘭亭盛會。

西園為北宋駙馬都尉王詵的府第,當時有名氣的文人墨客多愛雅集於此。

王詵,字晉卿,太原人,因才貌俱佳被宋神宗選中,將英宗的女兒嫁給了他,官至駙馬都尉。王詵好書畫,收藏頗豐,家有寶繪樓,藏有大量法書名畫,且又喜歡交流,蘇軾、蘇轍、黃庭堅、米芾、李公麟等人均為其府上常客。由於蘇軾等人皆是千年難遇的翰苑奇才,深受世人景仰,故而此次雅集盛會一直是後世畫人樂於表現的內容。李公麟所繪畫作雖已亡軼,米芾為此圖所作的《西園雅集圖記》卻傳了下來,記云:「水石潺潺,風竹相吞,爐煙方嫋,草木自馨,人間清曠之樂,不過如此。嗟呼!洶湧於名利之域而不知退者,豈易得此哉!」

這些《西園雅集圖》大都以李公麟的原作為母本,因李公麟本人也為畫中主要人物之一,故而帶有很強的歷史圖載功能。元豐初,駙馬都尉王詵邀請蘇軾、蘇轍、黃庭堅、米芾、蔡肇、李之儀、李公麟、晁補之、張耒、秦觀、劉涇、陳景元、王欽臣、鄭嘉會、圓通大師(日本渡宋僧人大江定基)十五位當朝文士名流雅集於自己的府第西園。雅集後,李公麟共繪有兩幅《西園雅集圖》,一幅作於元豐(1078—1085)初王詵家,另一幅作於元祐元年(1086)友人趙德麟家。可惜此兩幅均已失傳,不過後世畫人摹本甚多。李公麟原作主題較為分散,清人多改作扇面,人物中突出蘇軾。

馬遠此幅《西園雅集圖》似在李公麟原作基礎上有所發揮,人物與背景均呈現出明顯的南宋時代風格。

《窩闊台即位》

〔元〕 佚名

此幅元人作品真
實而生動地展示
了窩闊台即位時
的情景。人物造
型於稚拙之中不
失典雅風範，樹
木花卉的描繪富
有裝飾趣味，色
彩濃麗而能保持
一種整體的和諧
感。該圖對禮
儀、服飾等相關
內容的描繪，給
我們留下了珍貴
的圖像資料。

窩闊台即位

1271年，元世祖忽必烈建立元朝，成為元朝的第一位皇帝。但從蒙古帝國的時序來看，在他之前還有太祖鐵木真、太宗窩闊台、定宗貴由、憲宗蒙哥。

1206年，鐵木真統一蒙古，在"忽里勒台"（大聚會）上被尊為成吉思汗，建立全蒙古的第一個政權——蒙古汗國。至於一代天驕成吉思汗在亞歐大陸上橫刀立馬的光榮與夢想，早已為人們所銘記，不過最先把成吉思汗的豐功偉績發揚光大的則是其三子窩闊台。故而，此幅元人繪畫作品所示的窩闊台即位在蒙古史上無疑是一個大事件。

1227年，元太祖成吉思汗病逝後約有兩年，國位空虛，按蒙古人的傳統，暫由"看家的小兒子"托雷監管帝國事務。早在成吉思汗西征前，便對汗位繼承問題召集諸子進行商議，最後經察合台（成吉思汗次子）提名，術赤（成吉思汗長子）和托雷同意，確立窩闊台（成吉思汗三子）為汗位繼承人。成吉思汗臨終前，又讓諸子立下文書，保證他死後要承認窩闊台為汗。

不過按照蒙古民族的習慣和傳統，前任大汗提名的汗位繼承人，須經由蒙古貴族參加的"忽里勒台"通過才可即位。1229年托雷在成吉思汗行宮主持召開大會，商議推舉大汗一事。大會開了四十天，才確定窩闊台繼承汗位。有人要選察合台，也有人要選托雷。選托雷的人比較多。這些人似乎並不把成吉思汗的遺願放在心上。托雷堅決維護成吉思汗的遺願，要窩闊台繼承汗位。而察合台則在耶律楚材的勸說下，以哥哥之尊，首先向弟弟窩闊台下拜。隨後鐵木格（成吉思汗之弟）等人也下了拜。於是儘管窩闊台謙虛地要將汗位推讓給托雷，最終還是在眾人的勸說下接受了汗位。窩闊台即位後，重用耶律楚材等一批謀臣勇將，展開一系列的改革，並出兵四處征戰，拓展疆土，為元帝國的最終形成奠定了基礎。

窩闊台在1241年死於飲酒，有人說他所飲的酒中有毒，放毒的是他兒子的一位嬪母。孰真孰假，難下定論，不過窩闊台嗜酒如命，終日酩酊大醉，則是可以確定的史實。

《元軍東征日本》

〔元〕日本人所繪

本圖為描繪1274年忽必烈東征日本畫卷中的一個部分。圖中的馬上將軍為日方將領竹崎來永，他的戰馬在一陣箭雨中正血流如注。此時的日本兵既要面對人多勢眾的元軍，又要與先進的武器鬥爭：元軍的炮彈在竹崎來永的頭上爆炸，這是關於火藥被用於大炮的最早描繪。然而，這位日軍將領竟活了下來，並請人繪了這一歷史畫卷。這位驕傲的將領對該畫相當滿意，只是親自加上了刺穿其頭盔的紅箭。

元軍東征日本

相對於元軍在亞歐大陸的叱吒風雲而言，對日本的東征卻是以失敗告終。正如歷史學家黃仁宇所言："從歷史的眼光看來，蒙古的挫敗證明了現代科技發展之前，極難使一陸上強國同時也成為海上強國。"況且，這又是對鄰國的窮兵黷武。如今在日本九州博多灣的"元冠塚"，即顯示了"神風"（颱風）對此事件的歷史作用。

忽必烈對日本的兩次用兵，均出師不利。1268年至1272年間，元世祖忽必烈三次遣使日本，向日本天皇提出歸降元朝的要求。但日方則先後將來日的元朝使者斬首，並進入緊張的備戰狀態。1274年，南宋尚未滅亡之時，元軍便迫不及待地以朝鮮為跳板，組成八百艘大小船隻的聯合艦隊，載蒙古、朝鮮聯軍兩萬五千人。他們在輕鬆佔領日本沿岸幾個小島之後，於11月20日在九州博多灣登陸。日方聚集大量兵力，發起頑強的抵抗。當日戰事勝負未決，不過是夜刮起狂風，海浪滔天。元軍決心後撤時，秩序大亂，據朝鮮方面的歷史記載，元軍淹於海中者達一萬三千人。

1281年，忽必烈再次遠征日本。此時南宋已為其所滅，故兵力倍增，並兵分南北兩路。北路有蒙古和朝鮮部隊四萬人，船隻九百艘，仍由朝鮮渡海；南路由南宋降將范文虎率領，大小船隻三千五百艘，載兵十萬，由浙江舟山群島出發。其規模之大，古未曾有之。元軍同樣選擇在九州博多灣登陸，不過日方已將全島以石牆圍住，蒙古騎兵失去優勢，遠征軍少有進展。戰鬥自6月持續到7月，元南北兩軍才匯合一處。8月間元軍正要發動總攻時，又有颱風過境，船舶覆沒百艘，落海士兵難以計數，而陸上殘存部隊則遭到日軍集體斬首。朝鮮方面稱，自己損失人數有半數以上，南宋和蒙古的死亡人數則史無記錄。

兩次遠征慘敗，使忽必烈極度憤怒，於是開始醞釀第三次東征。造船工作遍及中國沿海，並連沿海商船也被徵用，供應物品大量屯集。海上水手全被招募，甚至連海盜囚犯也被予以官職，以期在日本戰場上戴罪立功。可是1286年初，一道諭令使所有準備全部放棄。《元史》稱："帝以日本孤遠島夷，重困民力，罷征日本。"忽必烈的決定可謂明智之舉。

《明宣宗出行圖》

軸 紙本 設色 〔明〕商喜 縱211厘米 橫253厘米 北京故宮博物院藏

明宣宗出行圖

此圖場面宏大，景物繁富。所繪人物雖多，但個個精工細緻，設色濃麗卻又艷而不俗，體現了商喜繪畫的一貫風格。明宣宗騎馬馳騁於田野之中，威風凜凜，意氣風發。此種氣魄直追其祖父朱棣、曾祖父朱元璋，在明朝皇帝中是極為少見的。

宣宗朱瞻基天賦極高，尤其是在繪畫方面的造詣爐火純青，更是成就了他不朽的名聲。他山水、人物、花卉、鳥獸等無所不能，至今仍傳世有許多精美的書畫作品。而他不僅表現出過人的藝術天分，還兼具不俗的政治才能。

明宣宗受過良好的儒學教育，即位時年僅二十六歲，正值建立功業的黃金時期。明宣宗當政十年，先是親自率軍平了叔叔漢王朱高煦和趙王朱高燧的叛亂，鞏固了大明王朝的中央政權，後又聽從閣臣楊士奇、楊榮等人的建議，停止對越南等地的用兵。他同時還減少了鄭和航海的次數，十年間只批准了一次。此時的明宣宗自然無愧於畫中的馬上英姿。

不過，我們僅僅以藝術天才、治國能手來評價明宣宗是不全面的。明宣宗一開明朝皇帝在吃喝玩樂上的先河，同樣也成就了其不朽之聲名。今天我們能看到傳世的以明宣宗為主角的繪畫作品，幾乎全是描繪其出遊狩獵等行樂內容。宣宗喜歡狩獵，每年都向鄰國朝鮮索要獵鷹，朝鮮方面只得為其專門設置了一個護鷹使。他愛吃朝鮮風味的豆腐，便寫信給朝鮮皇上，要其派來一名會做豆腐的女廚師。

宣宗最癡迷的活動是鬥蟋蟀，擁有"蟋蟀天子"的稱呼。他對蟋蟀的喜歡程度，堪稱"前無古人，後無來者"。時任蘇州知府的況鍾曾接到皇帝的一份手書密令，要他協助專程前往江南採辦蟋蟀的宦官，尋一千隻上好的蟋蟀回宮。宣宗相當鬱悶地告訴蘇州知府，以往寄來的數量很少，"又多有細小不堪的"。結果，江南地區蟋蟀價格暴漲，達到十幾兩黃金一隻，故而以至於軍中盛傳，某某人因捕獻蟋蟀而得到和殺敵立功同樣的官職等消息。明宣宗對蟋蟀的喜愛給某些地區的百姓帶來了不少麻煩。《聊齋志異·促織》篇的"蟋蟀皇帝"原型便是宣宗。

明宣宗在個人娛樂生活上的放縱為後人所扼腕長歎，相關的歷史記載告訴我們，如此行樂方式雖不至於亡國，卻也總不是什麼好兆頭。

《捕蝗圖》

明代 壁畫 山西新峰縣稷益廟
縱140厘米 橫109厘米

壁畫是中國繪畫史中重要的組成部分，而山西省的古代壁畫遺存，數量之多，藝術價值之高，在國內有
着很大的影響。新峰縣稷益廟的《捕蝗圖》則為明代壁畫的代表作，畫面中我們可以清楚地看見一名勇
士力縛碩大如人的蝗魔，身後聚集着許多人正注視着他與蝗魔的奮力搏鬥。這雖是帶有理想化的誇張色
彩，卻真切地反映了當時中國蝗災的嚴重以及人們對蝗災的痛恨、對捕蝗行為的讚歎，感激之情更是溢
於畫面。該作品畫風淳樸，真實動人。

捕蝗圖

此幅壁畫描繪了人們降伏蝗魔的場景，為中國繪畫史中少有的題材。

古時候的人們在很長的一段時間內，把蝗災與水災、旱災、風災等自然災害一樣視為天災，認為它們屬於“天意”，是上天降罪於民，不可抗拒。蝗災出現的時候，人們往往只是燒香祭拜，祈禱蝗蟲早日離開。唐玄宗開元四年（716），中國北方蝗災嚴重，以山東為甚。宰相姚崇力排眾議，上書除蝗，並派出御史為捕蝗使，分赴各地督促捕蝗。於是僅汴州一地，就滅蝗十四萬石。此後，人們對蝗災的認識有了明顯不同。

明朝時，中國蝗災頻發。明代詩人郭敦（1370—1431）對蝗災曾有生動描繪：“飛蝗蔽空日無色，野老田中淚垂血。牽衣頓足捕不能，大葉全空小枝折。”宣德五年（1430）六月，京畿地區發生蝗災，明宣宗派遣官員前去指揮滅蝗。除此以外，宣宗仍不放心，特意諭旨戶部，告誡他們蝗災的危害以及往年負責捕蝗的官員害民一點也不比蝗蟲小，故而要斷絕此類事情的再次發生。為此宣宗還作了一首《捕蝗詩》頒給臣子。可見此時統治者對蝗災已有了科學的認識，要不然就不會出現此幅《捕蝗圖》的壁畫了。

儘管如此，蝗災仍給明朝帶來了嚴重的打擊，甚至是致命性的，成為社會不穩定的重要因素。明萬曆四十年（1616）的一次蝗災，“飛蝗蔽日，聲如雷，食盡莊稼，赤地如焚”。明崇禎年間，華北地區發生了持續十一年的乾旱，瘟疫、蝗災隨之而起，使國家幾乎陷入癱瘓狀態，民不聊生，農民起義風起雲湧，社會秩序因而大亂，由此可見蝗災的危害之深。但正是如此，人們抗蝗、捕蝗的經驗積累也日益豐厚起來。

《升庵簪花圖》

軸 絹本 設色 〔明〕陳洪綬
縱143.5厘米 橫61.5厘米
北京故宮博物院藏

畫中描繪了楊慎醉態朦朧、晃晃悠悠地
走在前面，後跟着兩個女子，一人持
扇，一人托着酒器，二位身姿綽約，顧
盼間自有一股風流。其實，此畫也是陳
洪綬的自況。

升庵簪花圖

《升庵簪花圖》為作者的傳世作品，畫的是明代楊慎的故事。楊慎一生極富傳奇色彩，二十四歲時以"殿試第一"的身份成為明代四川唯一的狀元。他一直懷有君臣際會、共同開創太平盛世的夢想，但是，嘉靖皇帝的所作為卻令他失望，其標誌便是嘉靖初年著名的"大禮儀"及"左順門事件"。

所謂"大禮儀"，核心內容是如何稱呼嘉靖皇帝的父親和母親。在中國古代的宗法社會中，庶出的嘉靖舉行登基大典前必須先過繼給死去的正德皇帝，這樣才合情合法。不料，嘉靖皇帝表明他依舊以親身父母為父母，並且給他已故的父親以皇帝的名位，他的母親也取得了皇太后的地位。在今人看來特別可笑而不可理解的事，在當時絕對驚天動地，以至於沸沸揚揚，群情激憤。因楊慎之父楊廷和曾助嘉靖皇帝登上皇位，所以他們父子也就成了風頭浪尖上的人物。十五歲的嘉靖皇帝先是一而再、再而三地召見楊廷和，希望得到楊廷和的體諒，隨後小皇帝又用金銀收買楊廷和的幾位助手，還是沒有成功。公元1524年，嘉靖即位第三年時，楊廷和心

情黯淡地辭職，離開北京。楊廷和離京的當年發生了"左順門事件"。

公元1524年7月15日，二百三十位大臣集體跪在左順門前痛哭請願，哭喊聲響徹宮廷。嘉靖帝一怒之下，將其中的一百八十人於朝廷之上，當場脫下褲子，以廷杖處之。結果血肉橫飛，十七人被活活打死。作為其中的積極分子之一，楊慎被打得昏死了過去，但又"斃而復蘇"，後被貶雲南。陳洪綬於畫中題跋云："楊升庵先生放慎南時，雙髻簪花，數女子持尊，踏歌行道中，偶為小景識之。"講的是，楊慎在雲南瀘葉，曾一時醉酒，用白粉塗面，頭作雙丫髻，插花其上，由學生們抬着他，請女伎捧場，遊行於城市中。有好事者大肆渲染，敷衍成了"楊升庵詩酒簪花"的雜劇。

其實，陳洪綬酗酒狎妓絲毫不遜於畫名。他曾有詩云："人言足病宜禁酒，禁酒通身病也多。"又云："不若醉埋蘇小墓，墓碑題曰酒徒陵。"此種放浪形骸的怪異行為與楊慎"詩酒簪花"如出一轍，自然離不開明代社會的種種怪現狀，其內心感受也許只有他自己最清楚了。

《達賴喇嘛見順治》

壁畫 西藏布達拉宮

畫面中間部位即為五世達賴喇嘛羅桑嘉措和清順治皇帝，二人身後的背景為順治皇帝專門為五世達賴喇嘛進京面聖所建的黃寺。該圖寺廟的界畫手法謹嚴精細，一絲不苟。線條處理稠密而有序，色彩斑爛富麗，顯示了一派祥和的氣象。

達賴喇嘛見順治

達賴喇嘛與班禪是西藏喇嘛教黃教教派的兩大首領。達賴的全稱為"聖識一切瓦齊爾達喇達賴喇嘛"，大意是"無所不知的堅強的像大海一樣偉大的和尚"。班禪也是簡稱，全稱為"班禪博克多額爾德尼"，意為"智勇雙全的珍貴的大學者"。達賴與班禪的名號由梵、漢、蒙、藏、滿多種語言混合而成。這一事實，不僅反映了宗教上的淵源，更重要的，它生動地證明了它在政治、文化上和我們統一的多民族國家有着深遠的歷史聯繫。

明萬曆年間，三世達賴喇嘛索南嘉措曾隨蒙古俺答汗去蒙古地區傳經講法。行至甘州時，他給明朝宰相張居士上書，其文曰："釋迦牟尼比丘索南嘉措賢吉祥，合掌頂禮朝廷，欽封幹大國事閣下張，知道你的名，顯如日月，天下皆知，身體甚好，我保祐皇上，晝夜唸經……祝讚天下太平……壓書禮物：四臂觀音一尊，氆氌二段，金剛結子一方。"這封信是達賴喇嘛和中央政權建立聯繫的開始。明萬曆十六年（1585）索南嘉措還準備到北京向明神宗朝貢，但不幸於三月病死於內蒙古。

五世達賴喇嘛羅桑嘉措時，西藏正被信奉白教的噶馬王朝所統治。五世達賴喇嘛與四世班禪在生死存亡的危機關頭，秘密派人前往新疆，請求黃教信徒蒙古族和碩特部首領固始汗領兵入藏，消滅異己。明崇禎十二年（1637）固始汗進軍甘孜，消滅了迫害黃教僧人的白利土司頓月多吉，並幫助五世達賴喇嘛建立了"噶丹頗章王朝"。自此，黃教重新統治西藏，達賴喇嘛和班禪也正式成為西藏地區政教合一的最高首領。

清初，順治帝特別關心西藏事務，順治八年（1651）派人到西藏各大寺廟"熬菜"，放"佈施"，同時邀請五世達賴喇嘛羅桑嘉措到北京面聖。順治九年五世達賴喇嘛來到了北京，住進專門為其在北京北郊修建的一座黃寺，得到黃金、白銀、大緞、珠寶、玉器、駿馬等各種賞賜品。第二年，五世達賴喇嘛因水土不宜返回西藏，順治帝為其隆重餞行。回藏途中，順治帝又派特使，攜帶以滿、漢、蒙、藏四種文字刻寫的金冊金印，敕封五世達賴喇嘛為"西天大善自在佛所領天下釋教普通瓦赤喇怛達賴喇嘛"。自此"達賴喇嘛"這個封號為全國所公認，其在西藏的政治地位也由此得到鞏固。"達賴喇嘛"的名號，也從此傳遍了全世界。五世達賴喇嘛與順治帝這次歷史性的會晤因其意義非凡，將永載史冊。

《康熙南巡圖》

卷 絹本 設色 〔清〕王翬（主持）（美）大都會美術館藏

本幅作品僅為《康熙南巡圖》的一部分，描繪了康熙第二次南巡（1689）的圖景。《康熙南巡圖》由王翬負責總體設計，召集東南各畫家多人集體所繪，全圖歷時六年才告完成。根據皇帝命令，曹寅之弟曹荃任《康熙南巡圖》監畫。全圖共十二卷，每卷縱67.8厘米，橫1555—2612.5厘米不等。圖中所繪人物計兩萬餘，自京城永定門始，直到江南紹興大禹廟，經金陵回京為止，當時各地的風土、人情在作品中均有精彩生動的描繪，具有珍貴的史料價值和藝術價值。

■　王翬（1632—1717），清代畫家。字石谷，號耕煙散人，江蘇常熟人。自幼喜愛繪畫，創作嚴謹工致，深受清廷歡迎，得康熙親賜"山水清暉"四字。

康熙南巡圖

康熙（1654—1722）是位雄才大略的創業之主。他即位時，面對的是一個百廢待興的局勢。康熙勵精圖治，不畏險阻，十四歲殺鰲拜，二十歲殺吳三桂，三十一歲統一臺灣，三十五歲驅逐沙俄對黑龍江流域的侵擾，四十三歲平准噶爾叛亂；與此同時，他整頓吏治，改革賦稅，獎勵墾荒，治理河患，採取多種措施，發展社會生產。正是在這樣的歷史背景下，康熙於二十三年（1684）起，繼之於二十八年、三十八年、四十二年、四十四年、四十六年（1707），先後六次下江南，開創了清代皇帝南巡之盛舉。

南巡過程中，康熙力求躬行節儉，不講排場，路上不設營幄，不御屋廬，一切供應，盡量取之於在京師時的儲備。他多次告誡臣下，南巡是“為百姓閱視河道，咨訪閭閻風俗，非為遊戲也”。曾長期在清廷供職的法國傳教士白晉也評論說：“康熙力求節儉，那種亞洲君主們在所到之處，都喜歡炫耀自己豪華和奢侈的情形，在康熙皇帝周圍是根本看不到的。”這些記載，難免有溢美誇大之嫌。《紅樓夢》作者曹雪芹的祖父曹寅當時任江寧織造，便數次接駕，曹雪芹在小說中借王熙鳳之口曾說：“說起當年太祖皇帝仿舜南巡的故事，比一部書還熱鬧，只預備接駕一次，把銀子花的像淌海水似的。”可見其豪華排場，不過，在封建君王中，大規模巡行，能做到像康熙這樣，也殊屬難能可貴了。

康熙南巡的主要目的，首先是治理黃河。宋代以來，黃河下游河道從河南經江蘇北部入海，多年失修，淤沙堵塞，水患頻發。自順治至康熙初年，黃河決口八十餘次，江蘇宿遷以東，“民田皆成巨浸”，故而給蘇皖人民帶來嚴重災難，而東南每年四百萬石漕糧的北運，也時常受阻。康熙第一次南巡，便親臨工地，視察河務，第二次南巡還“親乘小舟，不避險水，各處周覽”。

諮訪吏治民情，緩和滿漢民族矛盾，尤其是籠絡江南漢族士大夫是康熙南巡的另一重要目的。江南乃物產豐盈，人文薈萃之地，且江南抗清鬥爭也最為激烈，南明的幾個小朝廷均先後在江浙一帶建立。順治時，對漢族士大夫的反抗採取了高壓政策。康熙南巡則鑑於形勢變化，每次都謁孔廟，拜禹陵，祭明太祖陵，以迎合漢民族的心理。為了擴大江南漢族士大夫的入仕之途，康熙還廣增學額，甚至於親自接見，以示恩寵。通過這些手段，南方士大夫的反清意識逐漸消除，滿清統治的社會基礎明顯擴大。

《乾隆南巡圖》

卷 絹本 設色 〔清〕徐揚 （美）大都會美術館藏

本幅《乾隆南巡圖》為《乾隆南巡盛典圖》（全圖縱68.8厘米，橫199.4厘米）中的第六卷《入蘇州城》部分。該圖雖為全幅之局部，但卻視野遼闊，引人入勝。圖上端的河流將人的視線引向遠方，而沿河的城廓又使人將昔日的繁華收攝眼底。畫面中的房屋鱗次櫛比，人物很多，但繁而不亂，渾然一體。清帝乾隆入城時隆重的歡迎儀式被真實地圖錄下來，是關於乾隆南巡與蘇州城變遷的珍貴圖像資料。

◉ 乾隆南巡圖

清朝經過順治、康熙、雍正三朝近百年的休養生息，出現了政治統一、經濟繁榮、統治穩固的局面。王朝的強盛助長了統治集團內部的奢靡之風，乾隆尤為如此。憑藉先輩們提供的有利條件，他常在形式上效法先祖。乾隆十六年（1751）、二十二年、二十七年、三十年、四十五年、四十九年（1784），他分別前後六次巡視江南。

乾隆在南巡途中雖然也曾注重興修水利，察訪吏風民情，然而史家大多認為這些只是表面現象，乾隆更多的是在遊山玩水。正如他自己所言：江南名勝甲天下，借南巡之機，大可「眺覽山川之佳秀，民物之豐美」。這與其祖父康熙「非為遊觀」的南巡主體思想相去甚遠。每次南巡的前一年，他便開始指定親王一人任總理行營事務大臣，勘察路線、修橋鋪路、葺治名勝，並興建行宮，對南巡進行周密準備。南巡途中，除了皇太后、皇后、繽妃外，另有扈從官兵、王公大臣等兩千五百多人。行進中，陸路用馬五六千匹、車四百多輛；水路用船則一千多隻，旌旗招展，聲勢顯赫，其規模遠遠大於康熙南巡。此外乾隆還興建了三十多處行宮。每至一處，地方官更是前呼後擁，極盡獻媚討好之能事，往往出境數十里迎駕，早準備了各種佳餚美食，甚至連乾隆隨身攜帶的鷹犬，也為之準備了差遣獵戶捕捉的麻雀、野兔等美食。

儘管每次南巡前，乾隆總告訴地方官「時時思物力之維艱，事事惟奢靡之是戒」，但事實表明這不過是沽名釣譽的客套話。他對盡力逢迎他的地方官員，不僅默許，甚至獎勵。乾隆三十年的第四次南巡，他便撥出巨資，對為其修建行宮的地方官各賞銀二萬兩。素以豪華著稱的兩淮鹽商，在其南巡之際更是獻巨資，以供乾隆揮霍之用。對此，乾隆直到駕崩前才幡然醒悟：「六次南巡，勞民傷財，作無益害有益。」並勸誡後繼者再不要像他那樣巡視江南了。可惜，悔之晚矣，清王朝已隨之由治而亂，由勝而衰，逐漸於萎靡不振的時局中越陷越深。

■ 徐揚，乾隆時的宮廷畫師，活動於1750—1776年間。號雲亭，江蘇吳縣人，《乾隆南巡盛典圖》是其傳世的最主要作品。

《萬樹園賜宴圖》

軸 絹本 設色 〔清〕郎世寧（主持）

縱221.2厘米 橫419.6厘米 北京故宮博物院藏

此幅《萬樹園賜宴圖》中，郎世寧創造的中西結合的技法在紀實方面的優勢被充分展示出來。他採用西方繪畫的焦點透視法，以俯視的角度描繪了萬樹園賜宴的歷史場景，規模宏大，氣勢撼人心魄。整個畫面由郎世寧總體規劃，而且他還繪製了乾隆、三位杜爾伯特部首領以及各主要官員，圖中背景內容則由中國畫師完成。這種中西結合的新式畫法在此幅作品中得到了充分展示。

萬樹園賜宴圖

　　此圖真實記錄了乾隆於公元1754年5月13日在承德避暑山莊接見杜爾伯特部首領的歷史事件。

　　萬樹園位於承德避暑山莊，約佔避暑山莊總面積的十分之一，它不僅以風景秀美著稱，還是乾隆時期一個十分重要的政治場所。乾隆皇帝曾經在這裡接見東歸英雄土爾扈特部蒙古首領渥巴錫、西藏活佛班禪九世，還有英國特使以及緬甸、越南、老撾等國使節，當然還有此幅畫中的蒙古族杜爾伯特部首領"三車凌"。清王朝的皇帝往往通過在承德避暑之際接受蒙古王公以及各回疆部落首領的覲見，達到對這些北方少數民族的威懾拉攏。

　　杜爾伯特部是漠西厄魯特蒙古四部之一。1745年，准噶爾部貴族內部為爭奪汗位相互殘殺，杜爾伯特也被迫參加了此次混戰。1753年，准噶爾部達瓦齊奪取汗位後，回過頭來又勾結哈薩克騎兵攻打杜爾伯特部。杜爾伯特部的人民受盡准噶爾部達瓦齊的的欺凌，再也不願為其賣命，於是杜爾伯特部三位首領台吉車凌、烏巴什車凌、孟克車凌毅然率領三千餘戶人口離開自己長期遊牧的額爾齊斯河，歸順清朝。歷經艱辛後，他們於1753年11月25日到達內地。乾隆對三車凌的歸來十分高興，下令在熱河朝見。1754年5月13日，乾隆在避暑山莊的萬樹園隆重接見了三車凌，冊封台吉車凌為親王，烏巴什車凌為郡王，孟克車凌為貝勒，並賞賜他們大量牲畜、糧食、金銀器物以及各種奢侈品。接着乾隆又連續五天在萬樹園賜宴款待，晚上舉行野宴，燃放煙火，一起觀看馬術表演。

■　郎世寧（1688—1766），意大利米蘭人，天主教耶穌會傳教士。清康熙五十四年（1715）來華，歷任康、雍、乾三朝宮廷畫師，其畫技以西法為主，融以中國畫法，形成了一種中西結合的新型畫風，在清初宮廷畫院中影響很大。因為此種畫法有着很強的寫實功能，所以成為許多重大歷史事件的圖載手段，此幅《萬樹園賜宴圖》便為其中之一。

《格登鄂拉斫營圖》

銅版畫 〔清〕郎世寧等
縱55.4厘米 橫90.8厘米
北京故宮博物院藏

此套銅版畫採用全景式的
構圖和西洋畫風，表現了
規模宏大而複雜的戰爭場
面，生動地描繪了乾隆平
定西北邊境厄魯特蒙古族
准噶爾部上層貴族叛亂的
全過程。此幅中西結合的
作品在整個構圖上採取了
中國傳統繪畫中的表現手
法，不受時間、空間的限
制，作者巧妙地把阿玉錫
率領的突擊隊從出發、行
軍、衝擊、廝殺到達瓦齊
叛軍潰敗、清軍主力接應
等並不發生於同一時空的
場面組織在一個畫面中，
取得了很好的藝術效果。

格登鄂拉斫營圖

　　乾隆把自己統治時期進行的十次大規模戰爭稱為"十全武功"，其中便有兩次平定新疆北部地區厄魯特蒙古准噶爾部的叛亂以及一次平定南疆地區回部大小和卓的叛亂。准噶爾部是厄魯特蒙古回部之一，主要活動於中國新疆北部地區。康熙、雍正年間，准噶爾部在其首領噶爾丹的統治下，佔領了南疆地區，多次攻掠喀爾喀草原，甚至出兵西藏，進犯內地。乾隆初年，准噶爾貴族發生內亂，因而乾隆二十年（1755）春，清廷以班第為定北將軍，永常為定西將軍，向准噶爾部所在地伊犁發起進攻。由於此時首領達瓦齊的倒行逆施使得他眾叛親離，清軍幾乎兵不血刃地抵達伊犁，達瓦齊退守伊犁西北部的格登山，遭受重擊後，又倉惶逃至南疆烏什，被維吾爾族首領霍集斯生擒，獻於清軍。此幅《格登鄂拉斫營圖》表現的是清軍將領阿玉錫率領的突擊隊向盤踞格登山的叛軍進行突擊的廝殺場面。史載，阿玉錫等人於夜間，出其不意地突入兵營，使達瓦齊的隊伍亂作一團，自相踐踏，死者不可勝數。原本不可一世的隊伍頃刻瓦解。達瓦齊只率領兩千餘人的殘部落荒而逃。黎明時，阿玉錫等人收服達瓦齊部隊，降者五千餘人，格登山一戰大獲全勝。

　　此幅銅版畫為《乾隆平定准部回部戰圖》組畫中的一幅。銅版畫是隨着西方傳教士的到來而傳入中國的。明末清初，中國人對西方的藝術和實用科學的獵奇和關心似乎要超過以往任何朝代，這為銅版畫在中國的傳播提供了必要條件。因此，西方銅版畫中千門萬戶的焦點透視畫法一出現便受到了朝廷內外的讚美。

　　到了乾隆時期，清廷為了炫耀武功成就，就要求已跨入朝廷大門的傳教士畫家繪製了一系列表現征戰的重大歷史事件的銅版畫作品。據目前統計，清宮中的銅版畫作品約有八十餘種。《乾隆平定准部回部戰圖》由郎世寧、王致誠、艾啟蒙等傳教士畫家於乾隆二十九年（1764）創稿，後將草圖交由廣東海關送往法國巴黎法蘭西藝術學院製成銅版，歷時七年方告完成。

《接見馬戛爾尼特使》

布面油畫 〔清〕史貝霖（傳）

縱76.2厘米 橫112厘米 （英）馬丁·格里高斯畫廊藏

由此幅作品可見中國早期油畫已達到了很高的藝術水準，尤其是技法相當純熟。與郎世寧等宮廷畫家不同，史貝霖等外銷畫家只不過是民間的普遍畫師而已。而他們創作的外銷畫則類似於今天的旅遊明信片，這些充滿中國情調的繪畫因價廉物美很受西方來華人士的喜愛。据美國人哈斯坎（Ralph Haskins）在日記中記載，史貝霖每幅畫僅收費十元。因史貝霖的作品多銷往海外，今天我們只知道他的英文名字，史貝霖（Spoilum）便是其英文音譯。

接見馬戛爾尼特使

1793年，為了與中國建立平等的外交和貿易關係，英王喬治三世特派遣馬戛爾尼率領使團踏上了中國的土地。他們帶了幾十隻大箱子，裝滿各種儀器、速射炮和艦船模型，準備送給已做了五十八年皇帝的乾隆。此時的乾隆已年過八十，成為中國帝王中少有的壽星，自稱"十全老人"，而他這回卻為如何打發這批英國人而煩惱不已。

此時英國的殖民地已遍及全球，不過乾隆和許多中國官員一樣，對西方的國情一無所知，所以馬戛爾尼使團送給乾隆的禮物，早早地被中國官員插上了"貢品"字樣的小旗，但馬戛爾尼最終在觀見乾隆的禮儀上讓接待的中國官員叫苦不迭。他明確表示拒絕向中國皇帝行三跪九叩之禮，只能行英國式的單腿下跪之禮，如果非要讓他行三跪九叩之禮，中國的大臣們也必須對着他帶來的女王像行同樣的禮。最終馬戛爾尼的要求沒人敢傳達上去。

乾隆在承德避暑山莊接見了英國使團，馬戛爾尼按英國禮節單腿下跪，不過並沒有去吻乾隆的手，這並不是他本人不願意，而是乾隆本人感到不習慣。聽說英國使團中有個十三歲的孩子能說中國話時，乾隆還把孩子叫到身邊，當場讓孩子說了幾句，聽罷龍顏大悅，居然摘下身上的一個檳榔荷包賞給了他。賜宴時，乾隆幾次叫人把他認為好吃的菜端到英國人面前，反倒對那些向他三跪九叩的各族王公們不予理會。

不過英國人哪裡知道，這只是乾隆對他們採取了對待蠻夷的懷柔政策罷了。在馬戛爾尼提出要在中國派駐使團、建立外交和貿易關係時，乾隆最終再也耐不住性子了，以天下共主的身份給了英王一份強硬的"敕書"，英國人的禮物原物奉還，馬戛爾尼在嚴密的監視下，也被送回了他們船上。

1793年12月馬戛爾尼回到廣州，由此地登船失望地歸國。此幅油畫，描繪的便是馬戛爾尼再次回到廣州時，廣州巡撫接見他的情景。

《親蠶圖》

卷 絹本 〔清〕郎世寧（主持）

縱51厘米 橫590.4厘米 台北故宮博物院藏

此幅近六米的長卷，詳細地圖載了乾隆九年農曆三月，孝賢皇后行親蠶禮的全過程，是清宮廷繪畫中的又一鴻篇巨製。該圖將中國傳統的界畫手法與西畫的構圖和光影表現方式很妥貼地結合起來，風格細膩而富麗。

親蠶圖

在中國古代帝王名目繁多的祭祀活動中，祭祀農桑是其中極為重要的一部分。按照男耕女織的傳統，祭祀的分工為皇帝親耕，皇后親桑，以此來勉勵天下農夫織婦辛勤勞作。

親蠶禮由母儀天下的皇后主持，其間皇后率領眾多嬪妃以及王公大臣的妻子一起祭拜蠶神，並親自採桑餵蠶，與皇帝主持的親農禮相對。這樣的祭祀活動，傳自漢代。清代的滿族是北方遊牧民族，沒有從事農蠶活動的習慣，故清廷入關以來親農禮雖沿襲了下來，親蠶禮則在舉辦親農禮之後一個世紀才建立起來。

雍正十三年（1735），有人建議建立親蠶壇，恢復親蠶禮，但是沒有得到雍正的同意。乾隆七年（1742），大學士鄂爾泰再次提出此項議案，乾隆准奏，花了兩年時間親蠶壇完工。親蠶壇四丈見方，高四尺，臺前為桑園，臺後是親蠶門，進入親蠶門則為親蠶殿，殿內懸掛乾隆御書扁額。乾隆九年（1744）農曆三月，孝賢皇后首次舉行清廷的親蠶大禮，也是規模最大的一次。

當天，親蠶壇上先支起黃色幕帳，帳內供奉蠶神的神位以及放置牛、羊、豬、酒等各種祭品。孝賢皇后在嬪妃、公主、福晉等人的陪同下，在進行跪拜、上香、獻祭品等程序後，次日，象徵性地採下三片桑葉，謂之“躬桑”。孝賢皇后採桑時手持金鉤、金筐，桑林旁彩旗招展，太監們敲響金鼓，高唱採桑歌。採桑活動結束後，由專人將桑葉送至蠶室餵蠶，整個祭祀方結束。

種桑養蠶是中華民族的古老傳統，每年春天宮中民間都要舉行祭拜蠶神的活動。有關蠶神的傳說很多，有人說是黃帝妻子嫘祖，也有人說是青衣神，其中流傳最廣的則是馬頭娘。民間的祭蠶神活動，雖比不上皇家的隆重，不過在內容上則要豐富得多，且更充滿喜慶的氣氛。在江南一帶，祭蠶時人們大多莊重地糊一紙馬，上騎蠶神馬頭娘。馬頭娘用青、白、紅三色米粉團做成。青色表示桑樹，寓指生機勃發；白色表示蠶絲，象徵蠶寶寶健旺；紅色則象徵吉祥如意。郎世寧描繪的此次親蠶活動既表明了清朝王室重視農桑意識的加強，從某種意義上也可以說是他們漢化程度的進一步提高。

《十三行大火》

布面油畫 〔清〕佚名
縱27.5厘米 橫38厘米 香港藝術館藏

此圖為《十三行大火》系列油畫的第二幅，反映了烈焰沖天的景象。圖中可見，整個十三行地區烈火遮
天蔽月，但火焰掩映下的西式樓宇仍透出昔日的繁華。作品雖為油畫，但似受到中國傳統繪畫的影響，
圖中船帆、桅杆以及人物造型透出中國畫的風味。

十三行大火

此幅油畫作品真實地再現了1822年廣州十三行大火的場面。十三行因此地最初只有十三家對外貿易的商館而得名。廣州是當時清政府規定的唯一的對外貿易區，故被稱為"一口通商"。廣州因其優越的地理位置，一直是西方各國對外貿易的主要場所。明清以來，中方一直實行閉關鎖國的海禁政策，儘管如此中外貿易仍在此地暗中延續着。最初，西方人通過賄賂廣東當地官員的行為敲開了中國貿易的大門。1685年海禁大開，中外貿易日益紅火起來，但是直到1757年，廣州才被定為正式通商口岸。一時間十三行地區商館林立，貨船於港口間穿梭往返。清政府從中自是受益匪淺，此地被形象地稱為清朝財政的"金山珠海，天子南庫"。

同時，十三行地區在西方人眼中也是個熱鬧非凡的旅遊點，而中國的一些外銷畫家則在此以向西方遊客出售具有中國特色的油畫作品為生，並有着很好的銷路。他們在十三行地區設立"畫肆"，外國商船的載貨單中時常可以看到油畫項目。一位名為藍閣的外銷畫家曾經在當年的《廣東郵報》上作過這樣的廣告："可以向讀者保證，如果他們希望在下次彗星訪問地球之前的有限時間內永生，毫無疑問，最好是為母親、姐妹、情人、知己、妻子留下一幅比他們心目中更英俊漂亮的肖像……藍閣畫的，只要十五塊錢，罕見的傳真！"由此不難推想他們生意之興隆。

然而一場大火給他們帶來了不可估量的損失。就在1822年11月2日這一天，廣州的十三行商館區在一場大火中幾乎化為廢墟。這套油畫作品以相當成熟的寫實技法，真實地描繪了火災發生的全過程。最初是，明月之下，十三行英國、荷蘭商館後面的中國房屋起火，接着大火很快蔓延到整個十三行商館區，烈焰沖天，火勢兇猛，使人們的撲救顯得微不足道。從畫面中可以看到，趕來救火的英、美、瑞士等國的水兵以及商人只能在小艇上或中國帆船上手足無措。經過大火洗劫後的十三行商館區滿目蒼夷，給中西貿易帶來了巨大損失，美國商人約翰·拉蒂默（John Latimer）說："但因那場大火，我們已經無家可歸了。"

此套油畫由四幅組成，分別為：大火初起、烈焰沖天、火焰熄滅、劫後災場，無疑是關於這場大火珍貴的圖片資料。

《鴉片戰爭》

布面油畫 〔清〕佚名

本圖真實再現了1841年1月7日，中英雙方在廣州海口處作戰的激烈場面。畫面中中國海軍的古式大帆船尤為顯眼，其落後的裝備自然經受不住英軍船堅炮利的攻擊。作者運用西方古典的寫實技法，深入細緻地表現了英國海軍的先進以及中國傳統帆船的陳舊落後，形成鮮明的視覺對比效果。圖中的船帆倒影描繪、海水的刻劃逼真如睹，船中的人物造型也十分準確真切。作品已突破了中國繪畫的傳統手法和表現形態。

鴉片戰爭

　　1840年開始的鴉片戰爭是中國近代最重要的一個歷史事件，是中國屈辱的近代史的開端，它第一次戳破了"天朝"的威嚴門面。此幅作品描繪了鴉片戰爭中的情景，在歷史題材繪畫中有着極強的代表性。

　　清道光以來，英方鴉片走私問題愈加嚴重，中英間衝突也日漸升級。可此時，中方對英方的具體情況一無所知，即便是在禁煙運動中一直採取主動態度的林則徐，也沒有把英國糾集艦船欲遠征中國的消息放在心上，在他看來英人之舉動不過是恫嚇罷了。其實早在1793年英國馬戛爾尼使團來華時，便帶來了一支頗具威力的艦隊，在給乾隆的禮物中也別有用心地讓當時世界上最先進的武器佔了最大的比重，其中還包括了一個英國當時最大的、裝備有一百一十門大口徑火炮的戰艦"君主"號的模型。這無非是在暗示，裝備有六十四門火炮的"獅子"號（馬戛爾尼使團乘坐的戰艦）及其四艘護航艦隊只是英國強大海軍艦隊的一部分。不過，中國的皇帝及官員對此仍是不屑一顧，而馬戛爾尼使團此次訪華也終因不接受對乾隆的三跪九叩之禮而搞得挺尷尬。於是這也就出現了畫面上中國海軍所擁有的裝備簡陋的大帆船在英國新式戰艦面前狼狽不堪的情形。

　　1839年8月，中國禁煙的消息傳到英國，英國內閣很快作出"派遣艦隊去中國海"的決定。1840年6月，英軍艦隊開到廣東海面，封鎖珠江口進行挑釁，英國政府對華宣戰，鴉片戰爭正式開始。英軍見林則徐戒備嚴密，就沿海北上，不久他們便佔領浙江定海，並封鎖了長江的出海口，接着北上直逼天津。此時中英雙方簽了一個臨時協定，只是事後又為雙方政府所否定。中方認為此協定過於讓步，英方則認為讓得不夠。

　　1841年秋，戰事再起，英軍迅速佔領寧波。中方反攻行動由皇帝之侄奕經主持，他手下盡是些無軍事經驗的文人幕僚，更荒唐的是，他們在反攻前十日便寫好了戰爭大捷的奏章。其作戰用的火器則由並無製造經驗的人根據二百年前的書本在戰場上臨時製造，而用於燒毀英國戰艦的火筏，在很遠距離便先被對方擊中着火。他們夜襲寧波時則早早落入英軍陷阱。為此，1842年夏，中方有組織的抵抗運動結束了。英軍佔領了上海與鎮江，8月中英代表在南京議和。英方迫使清政府簽訂了中國近代第一個不平等條約——中英《南京條約》。

《華人火燒外國商館》

布面油畫　〔清〕佚名

此幅作品選取了火勢最旺階段的場景加以描繪，烈火熊熊，濃煙蔽日，從商館中逃出的人驚慌失措，海面上則風起浪湧，給人以強烈的視覺震撼。作者以十分真實的繪畫形式，記載了中國人民反抗帝國主義侵略的壯烈場景。

◉ 華人火燒外國商館

圖中描繪的華人火燒外國商館的歷史事件,發生於英法聯軍發動的第二次鴉片戰爭時期,地點在廣州。

《南京條約》簽定之後的十年,感到不滿意的不是戰敗國,而是戰勝國。為了繼續進行鴉片走私,英、法、美三國的外交官早已開始相關的外交努力,希望能有所成效。可是,1850年即位的道光皇帝對西方列強極端仇恨,再加上兩廣總督葉名琛更表現出強硬立場,英法兩國只好醞釀再次武裝入侵。

"亞羅號事件"與"馬神甫事件"分別成為英法兩國的戰爭藉口。一艘名為"亞羅"號的懸掛英國國旗的中國走私船,只在香港註過冊,且註冊期已過,葉名琛的兵士隨即逮捕了船上兩名船員和十名涉嫌海盜。英方認為"亞羅"號為一艘英國船,要求葉名琛放人。葉名琛開始與英方嚴正對峙,但迫於壓力最終將被捕人員送交英國使館。然而,英方拒絕了葉名琛的妥協之舉。1856年10月,英軍突襲虎門,一度攻入廣州城,因兵力不足,又退回駐地。不久法軍也加入其中,其緣由是法國神甫馬賴在中國傳教過程中對當地百姓胡作非為,在廣西被中國官員處死。1857年的最後幾天,英法聯軍幾乎毫不費力就佔領了廣州。1858年夏,英、法、美、俄艦隊結集天津附近海岸,前兩者採取軍事行動,後兩者隔岸觀火。不久天津失守,英法軍隊直逼北京,清政府被迫簽定《天津條約》。

1860年英軍一萬八千人和法軍七千人再次佔領天津,並於10月進佔北京。咸豐皇帝倉促間逃往熱河,死於行宮,英法聯軍則掠奪了圓明園,隨後由額爾金伯爵下令焚毀。

英法聯軍所到之處,各地發起了激烈的抵抗侵略的鬥爭。此畫中所描繪的廣州市民火燒外國商館便是其中典型的事例。

廣州市民抵制外來侵入,由來已久,他們曾先後數年舉行抗拒英國人入城的運動。1856年英軍第一次入侵廣州時,憤怒的當地市民在英軍退兵後便縱火焚燒英、法、美等各國商館,向世人表現了廣州市民堅決抵禦外來侵略的愛國情操。

《中法大戰圖》

套色版畫

中國木刻版畫歷史悠久，明清時期，尤其是明萬曆以後，版畫蓬勃發展，出版業者與雕刻名工密切合作，精益求精，湧現出了大批優秀作品，其數量之大，品種之多，形成古代版畫史上的黃金時代。此幅反映中法戰爭的套色版畫不論從構圖還是刀工、設色，都顯示了極高的藝術水準。畫中中方將士士氣高昂，與之相比的法軍則狼狽不堪，抱頭鼠竄，強烈的誇張對比產生了具有震撼性的視覺衝擊力，無疑是當時民間版畫中的經典作品。

中法大戰圖

　　圖中刻繪的中法大戰的激烈場景發生於1883年的越南境內。早在1862年時，法軍大量入侵越南。1873年法軍佔領了河內土地，越南國王請求流寓在越南的中國天地會起義軍中劉永福領導的黑旗軍共同抗法。黑旗軍在劉永福的指揮下，與中越軍民大敗法軍於河內近郊，擊斃法國頭目安鄴，法軍退出河內。

　　1882年法軍再次入侵河內等地區，劉永福再次應邀抗法，並於河內近郊再敗法軍，並擊斃法軍司令李威利。不料1883年8月，法軍又發動戰爭，並要求清政府承認其對越南的佔領，此舉遭到中方斷然拒絕。1883年底，中法雙方爆發了對於越南宗主權的戰爭。

　　清軍雖是向越南增強兵力，但是總體思想是消極防禦，避戰求和。1883年底，從河內出發的法軍，分水陸兩路向劉永福黑旗軍駐地發起猛攻，黑旗軍和清軍奮起還擊，擊退法軍。不過法軍在強大的軍事優勢下最終控制了整個紅河三角洲，並進一步將戰場延伸到中國東南沿海。1884年8月23日下午，事先進駐福州馬尾軍巷的法國遠東戰隊突襲港內中國海軍，中國海軍倉促應戰，只在短短的半個小時內，法軍便擊沉中國軍艦九艘，其他船隻十三艘，另外還有七百七十個中國官兵陣亡。馬尾海戰的慘敗，使中方從消極抵抗中如夢方醒，在戰略上變被動為主動。1885年3月，黑旗軍在越南臨洮大敗法軍，同年鎮守鎮南關的老將馮子材赤膊上陣，取得了鎮南關大捷。這一系列的勝利，扭轉了中方的不利局勢，並最終導致法國茹費理內閣於3月31日倒台。

　　不過清政府並沒有利用當時的有利條件，發展大好形勢，反而採納李鴻章等人"乘勝即收"的主張，6月9日李鴻章與法國公使巴德諾於天津簽訂不平等的《中法新約》。

《攻擊東郊民巷》

套色版畫

此作少了民間版畫慣用的誇張，以高超的技法表現了激烈而錯雜的戰爭場面。畫面中可見中方軍隊明顯處於劣勢，有的人已橫屍街頭，有的人則已中彈倒傾，但大都仍奮不顧身進行戰鬥，顯示出英勇無畏的悲壯氣慨。

攻擊東郊民巷

此幅版畫表現了董福祥的甘軍、榮祿的武衛中軍以及義和團萬餘人圍攻北京東郊民巷的歷史事件。東郊民巷西起天安門，東至崇文門，為北京城區最長的胡同。第二次鴉片戰爭後，中國被迫簽定的《天津條約》中規定中國政府允許英、法、美、俄等國設立使館，駐留永久代表，由此，東郊民巷成為西方列強的使館所在地，同時大量西方人也在此聚居。在義和團運動轟轟烈烈的時候，此地必然成為高舉「扶清滅洋」旗幟的義和團隊伍攻擊的首選目標。

董福祥的甘軍原為發起於甘肅的飢民起義軍，民眾一度多達十多萬人，活動於隴東、陝北一帶，攻城掠地，殺富濟貧。1868年7月，董福祥隊伍為左宗棠的軍隊圍困，董福祥被迫降清。1898年，甘軍奉旨赴京畿護駕，遂於通州、廊坊一帶佈防，並與西方軍隊發生衝突。而圖中的武衛中軍則為直隸總督榮祿直轄的精銳軍隊。

1900年春夏之交，八國聯軍抵達北京城郊，迫於侵略者的壓力，清政府准許五百外國軍士入城保衛外交使館。隨即西方軍隊與董福祥的甘軍、榮祿的武衛中軍以及義和團發生激烈的戰鬥。圖中所繪為董福祥的甘軍攻擊使館軍隊以及外國使館軍隊頑強抵抗的場面。董軍於5月15日攻打東郊民巷，甘軍以大刀、土槍、土炮與西方使館軍隊大炮等先進武器血戰數日，仍堅守陣地，雙方死傷纍纍。

戰後一個俄國軍官回憶道：「中國軍人從每個槍眼裡向外射擊，老式的中國大炮以其恐怖而深沉的吼叫聲從城樓上向外發射，這是一幅恐怖而又壯觀的場面。」不過清政府對西方列強的複雜態度最終導致了各國使館被圍五十六日後，宣佈撤兵，造成了許多中國兵士以及義和團拳民的無謂死傷。史載，7月下旬，中國政府暗中給各使館送麵粉、西瓜、果蔬數車。一直以媚外著稱的榮祿更扣壓炮彈，不發槍械，尤其明確表示不許部下用巨炮攻擊，以降低使館軍隊的死傷人數，這必然助長了英、法、美、德、日、俄、意、奧八國聯軍的侵略氣焰。最初他們入城時只有一萬八千人，隨後很快增至十萬五千人。不久，他們開始對中國民眾恣意報復，姦淫擄掠。

慈禧太后與光緒帝於1900年8月15日，即聯軍入京後一日倉皇出逃，抵達西安。1901年9月，李鴻章與聯軍簽署了喪權辱國的《辛丑條約》。對義和團運動予以支持的各朝臣被判死刑，原本轟轟烈烈的反帝浪潮日漸歸於沉寂。

《北京城百姓搶當舖》

天津楊柳青年畫

此畫在技法上已表現出明顯的中西結合的傾向，西方的透視、明暗等技法於圖中有了充分展示，可見中西畫風的融合不僅發生在清代的宮廷中，也同樣表現在民間的繪畫作品中。由圖可見，搶砸當舖的百姓好像正沉浸在節日的快樂中，而此時八國聯軍正在對清王朝的都城殘暴地進行燒殺淫掠，這真是舊中國一個發人深省的歷史瞬間。正是如此，圖中作者還不忘畫上兩名帝國主義侵略者的形象，他們二位站立一旁，身穿的制服以及攜帶的洋槍表明了自己獨特的身份，似乎他們也想加入搶砸的隊伍中去。此幅楊柳青年畫所表現的搶當舖的題材在中國繪畫史中並不多見。

● 北京城百姓搶當舖

此幅楊柳青年畫描繪了北京城百姓搶當舖的歷史事件。該年畫以北京城百姓搶當舖作為表現對象，明顯地反映出了當時的中國普通百姓對此類事件的讚許態度。老北京人有"二十六年搶當舖"的說法，就是指清朝光緒二十六年(1900)的搶當舖事件。

當舖應該說是舊中國社會的產物，過去北京人將城中的金店、錢莊、糧行與當舖並稱為"四大行"，此四行操縱着金融行情以及百姓口糧的價格。據專家考證，清光緒年間，北京城內的當舖也不過就二十來家，且必須有官方發放的"當帖"，按時納稅，才能正常營業，所以此時的當舖明顯帶有半官半民的性質。儘管當舖一直打着"濟世利人，周旋兩便"的幌子，但當舖中的夥計卻個個神氣十足，總不忘對前來當東西的人無情地進行高利貸盤剝。故而，普通百姓無不對當舖恨之入骨，有着"寧可人餓死，也不進當舖"的說法，但窮困潦倒時又總要無奈地夾着當物走進當舖。

當舖主要的營利活動是通過抵押品借錢給顧客，並收取高額利息。若顧客不能及時贖回抵押品，就成了"死當"，當舖從而將此物品公開拍賣，謀取厚利。因此，一旦遇到突發事件，社會秩序哄亂之時，人們集體搶當舖也是情理之中的事了。

清光緒二十六年，正值八國聯軍進犯北京，光緒帝和慈禧太后逃亡西安，北京城亂作一團，帝國主義者搶掠不已。國破家亡之際，難民們遂把當舖作為搶砸對象。

此外，辛亥革命後，袁世凱於1912年2月29日晚曾指使親信曹錕搞了個"兵變"陰謀，北京城槍聲四起，秩序大亂，此間又發生了一起搶砸當舖的事件，這在楊柳青年畫中也同樣有所表現。

《達賴喇嘛見慈禧》

壁畫 西藏布達拉宮

此畫繪於布達拉宮紅宮
十三世達賴喇嘛的靈塔
內。其塔高約十四米，周
身裹以黃金，塔內繪有許
多表現十三世達賴喇嘛生
平內容的壁畫。此畫處於
殿內上層迴廊西壁，圖繪
十三世達賴喇嘛土登嘉措
恭敬地跪在慈禧面前，手
捧佛像一尊作進獻狀。作
品採用了俯視的角度進行
描寫，從而對覲見的整個
場景和整個過程都作了比
較詳實的寫照。圖中的景
物描繪手法富於裝飾意
趣，設色富麗，很好地展
現了隆重而華貴的氛圍。

達賴喇嘛見慈禧

在十三世達賴喇嘛一生中有兩件事頗為引人注目，一是進京觀見慈禧太后；二是到了民國年間，由於英國入侵者的從中離間，竟迫使九世班禪逃亡內地。這二者都與英軍入侵西藏密不可分。至於後者，我們從藏漢史籍記載可以看出，在黃教的歷史發展中，達賴與班禪以及他們的繼任者一直互為師徒，和睦相處，因此十三世達賴喇嘛的做法顯然是讓西藏人民和中央政權都難以接受的。

不過，十三世達賴喇嘛最初在對待英帝國主義入侵問題上的堅決抵抗態度一直為世人稱道。就像電影《紅河谷》中所表現的那樣，西藏人民的近代災難是從英帝國主義入侵西藏開始的。到十三世達賴喇嘛於1895年親政時，當時英軍第一次入侵西藏的戰爭已經結束。十三世達賴喇嘛對英軍的入侵十分痛恨，進行堅決的抵抗。無奈當時中國的中央政權掌握在以慈禧為首的腐敗無能、喪權誤國的滿漢貴族手中，他們對英帝國主義的侵略行為採取了媚外投降的賣國政策，對十三世達賴喇嘛的抗英行為並不予以支持。故而，英國於1904年再次輕易地侵入西藏內地，十三世達賴喇嘛則在英軍侵入拉薩的前四天（1904年7月30日）才倉促出走至內蒙古。

達賴喇嘛在內蒙古期間，清廷專門派欽差大臣前往看望安撫，並賜予許多禮品。根據清廷安排，十三世達賴喇嘛於1908年9月27日抵京，下榻於黃寺。慈禧太后和光緒帝為其舉行了隆重的接待儀式，並數次宴請，同時頒賜金冊，冊封十三世達賴喇嘛為"誠順贊化西天大善自在佛"，並饋賜豐厚的禮品。其一行人員在京居住了兩個多月，光接待費用就超過十八萬兩白銀。更為湊巧的是，達賴喇嘛在京期間，正值三十八歲的光緒帝、七十四歲的慈禧先後駕崩，三歲的宣統帝即位。十三世達賴喇嘛分別替光緒皇帝、慈禧太后的亡靈作了超度，並為宣統皇帝登基舉行了祈禱、讚頌等佛事活動。